Ulrike Koller & Raimund Stix

Das LEBEN in der 5. Dimension

21 Briefe an die Menschheit

Bitte fordern Sie unser kostenloses Verlagsverzeichnis an:

Smaragd Verlag
In der Steubach 1
57614 Woldert (Ww.)
Tel.: 02684-97848-10
Fax: 02684-97848-20
E-Mail: info@smaragd-verlag.de
www.smaragd-verlag.de

Oder besuchen Sie uns im Internet unter der obigen Adresse.

Deutsche Erstausgabe: August 2013

Umschlaggestaltung: preData
Satz: preData
Printed in Czech Republic
ISBN 978-3-95531-010-3

Ulrike Koller & Raimund Stix

Das LEBEN in der 5. Dimension

21 Briefe an die Menschheit

Smaragd Verlag

Über die Autoren

Wir, Uli Sualaila und Raimund, dürfen voller Demut und Dankbarkeit die Energie der bedingungslosen Liebe hier auf Mutter Erde erfahren. Wir sind in unserer Herzensverbindung Dualseelen und gemeinsam auf Erden inkarniert, um unseren gemeinsamen Seelenauftrag zu verwirklichen. Teil unseres Auftrags ist es, unser Seelenwissen und das allumfassende göttliche Wissen mit den Menschen zu teilen.

Die Botschaften der Neuen Zeit dürfen wir in zahlreicher Form an die Menschen weitergeben.

Als unsere Herzensaufgabe spüren und sehen wir, dass wir der Menschheit als Wegweiser und Brückenbauer zur Seite stehen dürfen. Dies ist unsere innere Berufung, die wir bereit sind, mit großer Dankbarkeit und Demut für die Schöpfung zu leben.

So dürfen wir in unserer lichtvollen Arbeit mit den mitgebrachten Gaben sowie den erlernten Techniken, Werkzeugen und kosmischen Einweihungen wirken, die wir zu einem liebevollen Ganzen vereinen.

Wir freuen uns, auch Dich auf Deiner Reise hier auf Mutter Erde begleiten zu dürfen.

Dank und Segen für Dich.
Liebe, lebe, lache!

Uli Sualaila & Raimund

Inhalt

Vorwort von Sonja Ariel von Staden

Leben ist Entwicklung, Leben ist Bewusstsein. Was auch immer Du tust und glaubst zu sein, wird sich in Deinem Leben deutlich zeigen. Willst Du eine Veränderung im Außen, beginnt sie zuerst in Deinem Inneren. Mit einem einzigen Augenblick des Erwachens.

Dieses kostbare Erwachen liegt für mich nun schon über zehn Jahre zurück. Von einem sehr unbewussten Dasein voller Zweifel, Ängste, Krankheiten und Dramen habe ich mich entwickelt – herausgewickelt – und erfahre nun Tag um Tag, was es bedeutet, wirklich zu leben. Über das Funktionieren nach den Regeln anderer wusste ich gut Bescheid. Doch nun erfahre ich, wie es sich anfühlt, immer deutlicher die Kraft meiner Seele und der göttlichen Quelle zu spüren. Ich lausche einer Weisheit, die so allumfassend ist, dass anfangs die Sehnsucht wie unendliches Heimweh schmerzte. Ich wollte zurück in diese kostbare Einheit, wollte wieder verschmelzen mit der Quelle, aus der mein Licht stammt.

Bis ich erkannte, dass ich auch hier auf dieser schönen Erde das Gefühl von Einssein leben und mit allem verschmelzen kann, was ist. Bis ich erkannte, dass es einen Plan für mich auf der Erde gibt, der stark und voller Liebe und Mitgefühl ist. Ich möchte dazu beitragen, dass die Menschen erkennen, dass jeder Tag ein Geschenk ist. Dass sie selbst ein Wunder sind.

Dieses Buch fasst zusammen, was ich selbst durchlebt habe. Uli Sualaila und Raimund haben zusammen mit der Geistigen Welt in diesen wertvollen Seiten beschrieben, wie sich ein Mensch vom unbewussten Funktionieren zu einem Leben voller tiefer Freude und Liebe entwickeln kann. Auf eine Weise, die durchdrungen ist von Klarheit und Weisheit.

Ich bin immer wieder glücklich, wenn ich Menschen begegne, die andere inspirieren. Die Begegnungen mit Uli Sualaila und Raimund erfüllen mich jedes Mal mit Licht. Es ist eine große Freude, mit Menschen zusammen zu sein, die bewusst aus dem Herzen heraus handeln und anderen mit ihrer Liebe ein Vorbild sind.

Möge dieses Buch auch Dir Impulse und Erkenntnisse schenken auf Deinem einzigartigen, wertvollen Weg durch Dein Leben. Damit Du Dein inneres Licht weit in die Welt leuchten lassen kannst, um Deinerseits zu inspirieren.

Voller Dankbarkeit und mit großem Respekt vor Dir und den Autoren,

Sonja Ariel von Staden
Februar 2013

Vorwort von Jesus Christus

So seid gegrüßt, Ihr lieben Menschenseelen!

Ich darf Euch meine Worte verkünden und lache dabei wie ein Kind der Freude, denn so viel Licht strahlt bereits auf Mutter Erde, seit ich von ihr gegangen bin. Danke, denn Du bist ein Teil dieses wunderbaren Geschehens hier auf Mutter Erde. Durch Dein Atmen atmest Du in das Herz von Mutter Erde und bist verbunden mit dem Atem der Liebe. Sei wieder Kind und erlaube Dir, voller Freude und Glückseligkeit Dein lichtvolles Wirken und Werden hier auf Erden zu leben.

Wir alle danken Dir, dass Du als Mensch hier bist und wir Dir nun dieses Werk offenbaren dürfen.

Verwende alle Deine Sinne in Deinem Leben, um im Gleichklang mit Deinem Herzen zu sein. Du bist so einzigartig und lichtvoll, ausgestattet mit Deinem Herzensklang, der verbunden ist mit der göttlichen Schöpferkraft. Du bist ein Schöpfer Deines Lebens, also erlaube Dir, Dich in dieser göttlichen Liebe zu erkennen.

Alles, was Dir begegnet, bist DU!
Auch diese Worte bist DU!
Dieses Dir vorliegende Werk bist klar und deutlich DU als Mensch!
Und nur mit Dir gemeinsam lässt sich die Liebe auf Erden manifestieren!

So vieles wurde bereits getan. Nun liegt es an Dir, lieber Mensch, Dein Herz zu öffnen und es vor allem offenzuhalten für Dich und Dein Leben, damit die bedingungslose Liebe durch Dich strömen und wirken kann.

Nimm dieses gesammelte Werk an lichtvollen Botschaften, der heilenden Symbole des göttlichen Schöpferplans und der Seelenklang-Musik für Dich an. Und wir bitten Dich: Sei auch Du ein Verkünder dieser lichtvollen Botschaften und Symbole. Lass Deine Mitmenschen teilhaben an Deiner Liebe, dann bist Du Quelle und Mitgestalter dieser wunderbaren und einzigartigen Mutter Erde. Entzünde Dein Licht und lass Dein Herz im Gleichklang mit Deiner Seele singen.

Die Botschaften sind in Dir!
Die Liebe ist mit Dir, und so sei gesegnet voller Dankbarkeit und Licht.

Ich grüße Dich im Namen Gottes.
Jesus, der Christus, als Aufgestiegener Meister der Menschheit und Verkünder des Christusbewusstseins, das DU BIST.

Vorwort von Uli Sualaila

Wenn wir bereit sind, uns der Heilung zu öffnen,
ergeben sich wunderbare Möglichkeiten
der Hilfestellung für uns Menschen.

Wir sind vor geraumer Zeit von einem Kollektiv geistiger Führer angeleitet worden, diese Durchsagen niederzuschreiben. Jeder von uns bekam seinen Zugang zu den Informationen dieser Gesamtenergie, die wir Schritt für Schritt umsetzen durften. Bereits während der Schwangerschaft unseres erstgeborenen Sohnes bekam Raimund Symbole vom Seelenbewusstsein unseres Kindes übermittelt. Energie um Energie, ohne zu wissen, wie sich dieses Gesamtbild formen würde, übertrugen wir die uns übermittelten Informationen zu diesem wundervollen Gesamtwerk. Es waren sehr klare und deutliche Energien, die uns hindurchführten. Gleichzeitig war es auch das Erwachen der heilenden Klänge in uns, die nun in Form von Lauten, Musik und Botschaften unseren Weg begleiten.

Dieses Werk entstand beim Gehen unseres Seelenwegs, wie beim Malen eines Bildes.

Wir Menschen bereiten den Weg in die Fünfte Dimension vor und werden auf diesem Weg begleitet und zur Liebe geformt, die wir sind.
Die Fünfte Dimension ist die Schwingungsessenz der bedingungslosen Liebe, in der Systeme keinen Platz finden. Weiche und anpassungsfähige Strukturen sind die Zukunft unseres Planeten. Alle Menschen, die bereit sind, sich der Wahrheit des Herzens hinzugeben, werden und können mit den vorherrschenden gesellschaftlichen Strukturen keine Verbindung mehr herstellen, da diese einer verstandesgemäßen Illusion entspringen.

In dieser Zeit des Wandels zur gelebten Liebe aller Menschen und Lebewesen benötigen wir jegliche liebevolle Hilfe, um diesen Aufstiegsprozess zu begleiten.
Und diese Hilfen werden von vielen Seiten bereits gegeben.

Mit diesen Durchsagen ist eine geistige Schar von Wesen an uns herangetreten, damit viele Menschen die Möglichkeit haben, sich selbst in Liebe zu erkennen.

Wir sind dankbar, dieses Wissen weitergeben zu dürfen und danken jedem Einzelnen für die Bereitschaft, hier zu sein!

Uli Sualaila

Einleitung durch die Engel des Lichts

(Die Verkünder dieses Gesamtwerks)

Lieber Mensch, wir danken Dir für Dein bewusstes Sein, denn durch Dein Erkennen, wer Du wirklich bist, erweist Du der Menschheit und Mutter Erde einen lichtvollen Dienst.

Dieses Dir hier offenbarte Werk beinhaltet verschiedene Stufen der Erkenntnis, die alle Deine menschlichen Sinne ansprechen dürfen.

Vorrangig geht es in der Gesamtenergie um das Wiedererkennen und -entdecken innerer Seelenstrukturen und die Abläufe der Grundstruktur in der Matrix des Menschseins.

Dazu bieten Symbole eine wertvolle Hilfestellung. Die Symbole und Codes entschlüsseln die Verknotungen des einzelnen Menschen mitsamt seiner Struktur in Verbindung zum Universum. Die Codes transportieren auf Seelenebene die Informationen der globalen Veränderungsstrukturen.
Jeder ist in der Matrix der Gesamtheit mit jedem verbunden. Die Symbole und Codes dienen dazu, den Einzelnen in dieser Struktur hervorzuheben, sozusagen zu entfesseln, da eine neue Grundstruktur angestrebt wird:

> **Die Struktur oder Matrix der Neuen Zeit.**
> **Deswegen funktionieren gewisse Systeme nicht mehr in dieser neuen Struktur oder auch genannt:**
> **„Das Goldene Zeitalter".**

Die mechanischen Möglichkeiten wie die Symbole und die Codes sind Werkzeuge, um diese Strukturen umzubauen. Wie ein Setzkasten mit Bausteinen und Verknotungen.

Die Fragen und Antworten sollen jeden Einzelnen auf mentaler Ebene unterstützen. Die enorme Kraft liegt dabei im allgemein verständlichen Wortumfang und im energetischen Sinn des Transports in das Unterbewusstsein und alle anderen Ebenen des Bewusstseins.

> *Die Verbindung von Körper, Geist und Seele ist nicht zu verachten in Eurer momentan aktiven Matrix.*

Dieses Werk ist für jeden Interessierten eine Begleitung auf seinem Lebensweg. Eine Informationsbox mit Tools zum aktiven Arbeiten.

Im Wesentlichen geht es um folgende Tools, die wir hier kurz auflisten möchten:

Die göttliche Ordnung – Code 144

The Healing Symbols 144
Die Symbole der Neuen Zeit – Das Spüren

The Healing Visuals 144
Die bewegenden Energien zum HeilSEIN – Das Sehen

The Healing Sounds 144
Die Klänge aus der Quelle des SEINS – Das Hören

The Healing Light 144
Die 144 Strahlen der Göttlichkeit – Die Schöpfung

Weitere ausführlichere Informationen findest Du ab Seite 174.

Wissen – Spüren – Sehen – Hören sind die Sinne, die hier angesprochen werden, und das aus einem einfachen und logischen Grund:

Ihr Menschen seid Wunderwerke der Natur, ausgestattet mit einem Riesensensor für Wahrnehmungen verschiedenster Art. Damit Ihr auf tiefer Ebene wirklich erkennt und versteht, worum es geht, bedarf es eines inneren Gleichgewichts, das durch eine Informationsspeisung all Eurer Wahrnehmungssinne gewährleistet ist.

Sieh es als inneres Zeichen, dass Du diesem Werk Deine Aufmerksamkeit schenkst, und erlaube Dir, dass sich Dein Herz für die Heilung Deines Selbst weitet.

So danken wir Dir und segnen Dich.

In Liebe und Verbundenheit,
die Engel des Lichts.

Brief 1: Über das Verhalten der Menschen

So grüße ich Dich, lieber Engel des Lichts.

Sei gegrüßt, Menschenkind, Seele reinen Lichts.
Ich verkünde Dir heute die Botschaft zu den Fragen, die Du zu stellen gedenkst.

Woher kennt Ihr Wesen unsere Fragen?

(Anmerkung: Ich spüre ein Lachen.)
Ich muss lachen bei dieser Frage, und Du wohl auch!
(Anmerkung: Auch ich muss schmunzeln)
Wir kennen Euch und sind stets in Verbindung zu Euch. Wir nehmen Eure Schwingungen wahr. Alles ist Schwingung und Energie – so auch Eure Fragen, Sorgen und Gedanken.

Lieber Engel des Lichts, dann beantworte mir doch bitte meine Frage.

Ich weiß um Deine Fragestellung Bescheid.

Liebes Menschenkind, Ihr auf diesem Planeten Erde seid in einen bestimmten Kulturkreis geboren worden, in ein bestimmtes Umfeld, das Euch prägte und prägt. Alles, was Euch umgibt, ist Schwingung und versetzt jeden Einzelnen auch in Schwingungsresonanz. Wenn Du heute in Europa wohnst, gibt es verschiedene Kulturkreise auf diesem Kontinent. Von Irland bis Italien gibt es unterschiedliche Erziehungs-, gesellschaftliche, kulturelle, wirtschaftliche und zahlreiche andere Strukturen, die maßgeblich für die menschlichen Prägungen verantwortlich sind. Selbst in den einzelnen Ländern herrschen gravierende Unterschiede.

Ihr seid alle geprägt von Eurem Umfeld!

Wie äußert sich das?

Es sind Eure Umgangsformen untereinander, Eure Gewohnheiten im Sozialverhalten und auch in Eurer Freizeitgestaltung. Es sind die Machtstrukturen in Eurer Gesellschaft – politische wie wirtschaftliche und sozioökonomische. Es sind die Gewohnheiten Eurer Kinder: Wie sie aufwachsen, mit wem sie spielen und, vor allem, was sie wo gelehrt bekommen.

Das Ergebnis Eures Tagesverhaltens spiegelt Euer Umfeld wider. Denke darüber nach, wie ein Tag in Deinem Leben verläuft, und dann übertrage es auf einen Menschen in einem anderen Kulturkreis. Wenn Du diesen Gedankenstrom nachvollziehen kannst, überlege, wie wichtig wohl Dein Tagesablauf im Kontext zur Gesamtheit ist. Ich sage es Dir:

VÖLLIG ÜBERSCHÄTZTES EGOVERHALTEN!

Alles, wovon Du glaubst, es sei so wichtig zu erledigen, zu lernen und erfahren, ist in Wirklichkeit eine selbstüberzogene Anmaßung von Bausteinen Deiner Kultur. Wenn Dein Tagesablauf, Deine Form zu leben, mit all Deinen Kulturgütern so von Bedeutung ist, warum ist er es nicht auch für einen Menschen in Alaska, in Spanien oder in Afrika?

Was ist für das Menschenleben von Bedeutung?

Liebe leben!

Ganz einfach: Das SEIN.
Mit Dir selbst und im Einklang mit der Natur zu sein.
Dies hat wirkliche Gültigkeit für den Menschen – EGAL, wo er wohnt und in welchem kulturellen Umfeld er geboren wurde.
Die Natur ist für jede Menschenseele von ausschlaggebender Bedeutung.
Die Liebe ist in jedem Einzelnen verankert, so, wie die Freude und das Lachen.

Das ist es, was Du wirklich benötigst: In Deiner inneren Harmonie zu sein, in Deiner inneren Verbindung zu dem, was Du bist: Teil des Ganzen und der unerschöpflichen Liebe Gottes.

Wie kann der Mensch dieses Bewusstsein in Zeiten des Massenkonsumverhaltens erreichen?

Indem DU und jeder, der diese Zeilen jetzt liest, bewusst so ist, wie er ist. In dieser Qualität veränderst Du Dich und Dein ganzes Umfeld. Du ziehst sogenannte Lichtkreise um Dich. Die Menschenseelen spüren das Licht und Dein inneres Wesen, und auch wenn sie sich von ihrem Egoverstand her abgestoßen fühlen, nehmen sie doch einen Funken Deines Strahlens mit.

Achte auf Dich und Deine Gedanken. Sende bewusst Gedanken und Energie der Liebe aus, immer wenn Du Kälte, Schatten und Dunkelheit unter den Menschen spürst. Das ist das größte Geschenk, das Du Mutter Erde und den Menschenseelen machen kannst.

So danke ich Dir!
Du bist unermesslich geliebt.
In Liebe und Licht, Vywamus und der Engel des Lichts, Aoman.

Danke, Ihr Wesen des Lichts.

Brief 2: Über die göttliche Führung und die bewusste Intuition

Sei gegrüßt, Seele und Menschenkind hier auf Mutter Erde.

Namasté, ich grüße Euch.
Danke für die lichtvollen Worte.

Warum spüren viele Menschen die Energien der Liebe und des Lichts und die göttliche Präsenz so erschwert?

Ihr lieben Menschen, was Ihr wissen dürft ist, dass die Energie der Liebe ständig hier ist. Du bist ständig umgeben von der bedingungslosen Liebe Gottes. Dabei ist es nicht von Bedeutung, ob Du an einen Gott glaubst oder nicht, und wie immer Du diesen Gott für Dich bezeichnen möchtest.

Jede einzelne Menschenseele hat ihren Ursprung in der bedingungslosen Liebe, entstammt dieser Essenz. Alles Leben entspringt dieser Quelle und geht auch zu dieser Quelle zurück. Was wir Euch mitzuteilen versuchen, lässt sich auf Verstandesebene nicht nachvollziehen. Es ist dennoch von Bedeutung, dass ihr Menschen diese Botschaften aufmerksam lest, denn nur so kann Euer Verstand mit Euch wachsen und seinen Horizont erweitern.

So ist es Euer Verstand, der tiefgreifende Erfahrungen, basierend auf Liebe, verhindert. Es ist Euer Verstand, der sich in Euch so verbohrt hat und Euch glauben lässt, diese seelischen Wahrnehmungen entspringen einer Illusion. Eure Prägungen sind zum Teil so tief in Euch verwurzelt, dass Ihr es kaum wagt, Euch selbst zu erfahren – wer Ihr wirklich seid!

Wer jedoch den Mut hat, seine Wahrnehmungen zu entfalten, wird vom Leben belohnt. Die Öffnung der sensitiven Wahrnehmung ermöglicht ein Auflösen von Krankheiten des Egos und des Körpers gleichermaßen, wie die Ausbreitung der Liebe und des Friedens im gesamten Sein.

Der Verstand rebelliert – aus Angst, in dieser Vielfalt der Sinne verlorenzugehen. Und Angst ist ein Spiegel, der in Richtung LIEBE blickt. Es geschieht alles in Liebe zu Dir, und es liegt ebenfalls an Dir, die Illusionen des Verstandes zu entlarven und damit zu beginnen, Dir zu vertrauen und die Zeichen zu erkennen.
Wir Energien aus der Geistigen Welt haben unsere Möglichkeiten und Wege, Dich auf uns aufmerksam zu machen.

Wie vorstellbar können diese Aufmerksamkeiten der Seele sein?

Jeder von Euch kennt Situationen, in denen wir Euch rütteln und schütteln – so lange, bis Ihr wach werdet und auf Euer Leben blickt – auf Euer wahrhaftiges Sein. Es ist von Mensch zu Mensch verschieden, wie wir auf uns aufmerksam machen. So kann es sein, dass Du immer wieder die gleiche Situation durchlaufen musst und in diesem Zusammenhang bestimmte Bilder oder Zeichen wahrnimmst.

Zum Beispiel einen Regenbogen oder Federn an den sonderbarsten Stellen. Es kann auch ein bestimmter Ton sein, das Läuten an einer Tür, ein Geräusch, das sich nicht zuordnen lässt, oder der Blick auf die Uhr zu speziellen Zeiten: 11:11, 17:17, 20:20...

Die Zeichen sind so vielfältig, wie ihr Menschen es seid. Du erkennst Deine Zeichen, da Du sie für Dich kreiert hast. Du brauchst nur mehr zu erkennen, welche dieser Zeichen für Dich sind.

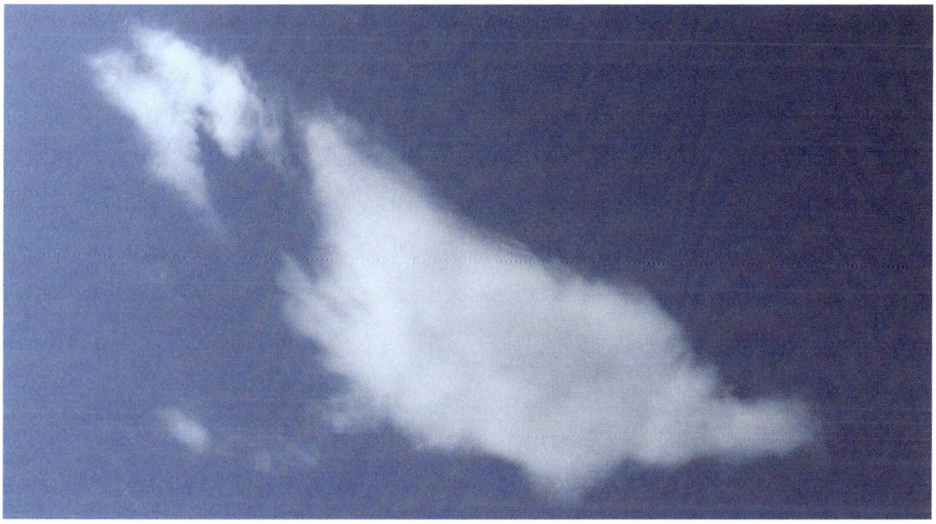

Vertraue Deinen Impulsen – Dein Bewusstsein macht Dich auf die zahlreichen Symbole und Aha-Erlebnisse aufmerksam.

Wie können wir Menschen wissen, dass es sich bei diesen Hinweisen auch wirklich um Engelszeichen und Zeichen aus dem Herzen handelt?

Am inneren Gefühl und dem inneren „JA!" – aus dem Bauch heraus. Vielleicht musst Du bei Deiner Wahrnehmung innehalten und tief Luft holen, oder mit einem starren Blick auf das jeweilige Zeichen blicken. Je nachdem, wie sensibel und aufmerksam Du bist, wirst Du es erkennen, Du wirst es spüren, denn es ist Dein persönliches und eigenes Gefühl. Was wir Dir empfehlen können ist, zu VERTRAUEN – Dir und Deinen Wahrnehmungen vom Leben!

Können diese Wahrnehmungen verbessert und sensibilisiert werden?

Ja!

Jeder kann seine Wahrnehmungen und Intuition sensibilisieren und sollte sie sogar trainieren, denn:

Wer übt, ist wach! Übe Dich darin, zu üben!
Um wach zu SEIN!

Es klingt für Euch Menschen eigenartig – jedoch ist die Übung das Ausschlaggebende am Erfolg. Wie und mit welcher Begeisterung Du übst. Welche Liebe Du für Dich und Dein Leben wählst.
Unter Übung verstehen wir die Intensität Deiner Aufmerksamkeit, die sich auf Dich und Deine Lebenssituationen richtet.

So ist Dein gesamtes Bewusstsein, Deine Bewusstwerdung, ausschlaggebend für die Schwingungsresonanz Deines Energiefelds. Dazu gehört alles, womit Du Dich in Deinem Leben beschäftigst, was Du vorgibst zu sein:

Denke darüber nach, welche Lebensmittel Du zu Dir nimmst.
Denke darüber nach, welchen Tagesablauf Du für Dich wählst – wie viel Zeit hast Du für Dich dabei angedacht?
Denke darüber nach, wie Du mit anderen Menschen, mit Tieren und mit Mutter Erde umgehst – wie demütig und achtsam Du gegenüber der Schöpfung bist.
Denke darüber nach, wie Du Deine Freizeit gestaltest.
Denke darüber nach, welche Bücher Du liest, welchen TV- und Radiosendungen Du Deine Aufmerksamkeit schenkst.
Denke darüber nach, mit welchen Freunden Du die Zeit verbringst.
Denke darüber nach, in welchem Umfeld Du wohnst.
Denke darüber nach, wie oft Du bewusst in der Natur unterwegs bist.

Und denke darüber nach, wie oft Du mit Gott, Deiner inneren Quelle, kommunizierst – in Frieden und Liebe.
Und denke darüber nach, wie dankbar Du bist.

Dies alles sind Anregungen und Gedanken, die Du Dir stellen und beantworten darfst. Und JA, stelle Dich ruhig einmal infrage! Denn das ist es, was wir Dir aus dem geistigen Kollektiv von Herzen wünschen. Erst wenn Du Dich selbst infrage stellst und Dich einmal von einer anderen Seite betrachtest, wirst Du merken:

WER Du in Wirklichkeit vorgibst zu sein.

Denn in Wirklichkeit und

Wahrhaftigkeit bist Du Liebe.

Wir kennen Dich, und Du brauchst Dich nicht zu schützen oder hinter einem grauen Mantel oder einer dicken Mauer aus Beton zu verstecken. Hab den Mut, Dein Leben in Liebe und mit all Deinen Sinnen zu leben. Amen.

Klare Worte – Danke, ihr lieben Geistführer.

Was darf der Mensch für sich erkennen?

Genieße das Leben

mit all Deinen Sinnen!

Mit all Deinen Sinnen – dies fördert das Potenzial Deines geistigen Wachstums hier auf Erden und auf Seelenebene.

So, wie unser Bruder Jesus, der Christus, hier auf Erden schon recht anschaulich sagte:

Sei wahrhaftig im Angesicht Gottes.

Und, liebes Menschenkind:

Hör auf zu denken – sei einfach im Moment so, wie es die Situation gerade jetzt erfordert.

Ohne im Voraus zu planen oder zu wissen, was Dich erwartet, denn es geschieht sowieso alles nach Deinem Herzensplan. Achte stets auf die Zeichen, die Dir täglich gegeben werden. Sei WACH in dem, was Du tust und wie Du bist – im Angesicht der Liebe Gottes.

Du bist ein Wesen der Liebe und verbunden mit Allem-was-ist.

Deine Seele folgt dem Ruf, den sie sich zuvor gegeben hat.

Dem Ruf der allumfassenden Liebe.

Du als Mensch hast zugestimmt, Teil dieses wunderbaren Planeten zu sein. Du als Mensch bist ausgestattet mit wundervollen Werkzeugen Deines Körpers, Deines Geistes und Deiner Seele. Du bist von solch enormer Wichtigkeit und Bedeutung für diesen Planeten Mutter Erde. Und Du bist nicht zum ersten Mal hier auf Erden – wir wissen das. Wir kennen Dich ganz genau, denn Du bist ein Teil des Ganzen.

Durch Deine Bereitschaft, in dieser Zeit hier zu sein, hast Du als bereits hoch entwickelte Seele Dein Einverständnis gegeben, einen Beitrag auf Mutter Erde zu leisten. Nicht für Dich – nein, niemals, sondern für Mutter Erde und die gesamte Menschheit.

Erkenne Dein Tun als Beitrag für diesen wunderbaren Planeten.

Deine Seele kennt den Weg, und Du bist so weise in Dir, dass Du nur Deiner inneren Führung zu folgen brauchst. Alles ist da, also sei eins mit Deiner Seele und Deiner Intuition. Erinnere Dich an Deine Göttlichkeit!

Hierbei geht es vor allem darum, dass Du bereit bist, etwas für Deine Bewusstseinsentwicklung zu tun. Wahrlich ist es von geringer Bedeutung, was Du tust – es geht vielmehr darum, dass

DU ES WAGST, DU SELBST ZU SEIN!

Und dafür danken wir Dir.
Wir, die Wesen des Lichts und Deine Sternengeschwister im Namen Gottes, im Namen von Allem-was-ist!

Werde Dir Deiner Intuition bewusst!!!
Und sei ein bewusster Schöpfer dieser Neuen Zeit, in der Du bist!
Sag JA zu Dir und Deinem Leben.

Wir lieben Dich unermesslich – Dich – Euch alle – und wir bedanken uns bei Euch für Eure Liebe und Euren Mut.

Namasté und Danke.

In Liebe, Metatron, Vywamus und der Engel des Lichts, Aoman.
Ich bin, der ich bin.

Brief 3: Über die Liebe zu sich selbst

Liebe Wesen des Lichts, ich grüße Euch und lade Euch ein, mir die Botschaften der universellen Wahrheit zu übermitteln.
Danke und Namasté, liebe Freunde.

Sei gegrüßt, liebes Menschenkind.
Danke für Dein Sein und Deine Geduld, so lange auf diese Nachricht zu warten.

Wir sind immer da, und du empfängst die Botschaften, wann immer Du Deine Bereitschaft dazu erklärst.

Nun möchten wir Dir gerne übermitteln, was wir heute für Dich haben: Die Liebe zu Dir selbst!

Dazu darfst Du gerne mit der Hand auf Deinem Herzen in Dich blicken und erkennen, wer DU bist!
Erkennen, was Dich formt und welche Energie Dich leitet.
Mit welcher Aufmerksamkeit bist Du bei Dir und in Deiner Mitte?

Im Leben geht es nicht nur darum zu erkennen, wer Du bist – sondern vielmehr darum, so zu SEIN, WIE DU BIST!

Dies ist der goldene Schlüssel zu Deinem inneren Wert – zur Liebe zu Dir selbst.
Zu erkennen, wer Du bist, ist die Vorstufe zur Erleuchtung. Erkenne erst einmal, was es ist, das Dich leitet, Dich formt. In dieser Energie verweile jedoch nicht – hab den Mut, so zu sein, wie Du geformt bist. Lass die Masken Deines Seins in der Gesellschaft, in der Du Dich bewegst, fallen und SEI EINFACH die Menschenseele, DIE DU BIST! Erkennen ist zu wenig! Es geht um das Sein!

Wie erkenne ich, WER ICH BIN?

Auf Seelenebene brauchst Du diese Frage weder zu stellen noch daran zu denken. Deine Seele weiß genau, wer sie ist. Sie ist Liebe, das Tor zum Kern Deiner Wirklichkeit und die Verbindung zur universellen Energie – zur LIEBE.

Dein Verstand und Deine Verschmelzung hier auf Erden mit der Energie der Dualität erfordern dieses Erkennen um das, was Du bist. Durch die Inkarnation auf Erden hast Du eine Verschleierung empfangen (als Teil Deines Seins hier auf Erden), die den Blick auf Deinen wahren Seelenkern verhindert. Dein Seelenkern ist der Schlüssel zu Deiner inneren Wahrheit – Deinem wahrhaftigen Sein. Die Aufgabe jeder Seele ist es, diese Verschleierung zu lösen und im Einklang mit dem Universum zu sein.

Erkennen ist der Weg Deiner Erleuchtung. Dieser Weg mag wohl für jeden Menschen anders und auf seine Art gestaltet sein. Denn so viele Menschen es auf Erden gibt, so viele Wege sind geöffnet. Deshalb gilt es in dieser ersten Stufe zu erkennen, was Dir als Mensch Freude bereitet. Lenke die volle Aufmerksamkeit auf Dein Inneres. Spalte alle angehafteten Muster von Erziehung, Gesellschaft, Karma, Glaubenssätzen und Lebensgewohnheiten ab und lies in Dir. Lies die Worte Deines Herzens. Die Botschaften Deines Herzens, die Dir genau erzählen werden, was Du bist. Dieses Erkennen, so einfach es klingt, ist eine sehr große Herausforderung für den einzelnen Menschen. Wir können Dir empfehlen, das Leben in allen Facetten, die Dir geboten werden, auszuprobieren. Alle Möglichkeiten des MenschSEINS auszukosten, um dann aus diesen Erfahrungen heraus zu erkennen, was Dir gefällt und was Du magst. Deshalb gibt es auch kein Falsch und Richtig. Alles dient Deiner persönlichen Entfaltung und der Weiterentwicklung der Menschheit auf Mutter Erde.

Wir möchten Dir auch mitteilen, liebes Menschenkind, dass Du aufgefordert bist, wahrhaftig und authentisch zu sein. So zu sein, wie Du wirklich bist. Erst durch dieses Sein erkennst Du, wer Du BIST. Wenn Du Dich immer wieder verstellst und versuchst, einen goldenen Mittelweg zu finden, wirst Du kaum Deine wahren Emotionen erfahren. Sei immer so, wie Du bist. Erst über Deine Emotionswelt kannst Du spüren, was Du bist.

Die Emotionen, die über Dein Ego gesteuert sind, schmälern Dich in Deiner Energie, aber die Emotionen Deines Herzens erfreuen Dich auf allen Ebenen Deines Seins.

Das Ego versucht, die Gefühle des Glücks, der Freude und der Liebe künstlich zu erzeugen.
Dein Herz ist dies alles bereits und lässt es Dich über das Außen erkennen und erfahren.

Das Ego sucht verzweifelt nach Glücksgefühlen und wird sie auch kurzfristig finden – jedoch nur für eine Weile, bis die künstliche Energie nachlässt.

Dies bedeutet, dass der Mensch förmlich gezwungen ist, in eine Achterbahn aus Gefühlen einzutauchen?

Wenn Du es so siehst, dann ist es so.

Erkenne, dass Du über den Fortlauf Deines Lebens bestimmst.

Es gibt Menschen, die, ohne ihre Sinne zu gebrauchen, ihren Weg beschreiten und sich wundern, warum sie stets an dieselben Weggabelungen gelangen.

Es gibt Menschen, die besonnen und voller Vertrauen ihren Weg beschreiten und sich ebenfalls wundern, dass sie stets dieselben Kreuzungen erreichen.

Und es gibt Menschen, die an dieser wiederkehrenden Weggabelung einen bewussten Halt einlegen und über die Stille ihres Herzens beschließen, die alte Route zu beenden.

Es liegt an Dir, wie oft und wie intensiv Du Deine Lernaufgaben, die du dir in Wahrheit selbst auferlegt hast, wahrnimmst.
Wenn Du erkennst, dass Du der Schöpfer Deines Lebens bist, erkennst Du auch, dass Du über den Fortlauf Deines Lebenswegs entscheidest.

Wir aus der Geistigen Welt ermuntern Dich dazu, endlich bewusst aus jeglicher Opferrolle auszusteigen und SELBSTVERANTWORTLICH das Leben – Dein Leben – zu beschreiten.

Es gibt kein Zurück mehr!
Alles ist in Bewegung – die Erde dreht sich weiter.
So auch Du in Deiner Entwicklung.
Lass Dich von deiner Herzensströmung erfassen und schwimme mit deinem Puls, mit Deiner Welle mit.

Du bist der Schöpfer Deines Lebens!

Der Schleier des Vergessens wird sich von Dir lösen, immer mehr.
Der Schleier, der Dich von Deiner Seele trennt.
Du selbst bist es, der diesen Schleier lüftet und das Licht hereinlässt.

Erkenne die Zeichen,
die Dir gegeben sind!

Jetzt und allezeit.

Werden alle Rollen fallen, wenn ich in meiner Selbstliebe bin?

Ja, so ist es!

Jegliche Rollen – Opferrollen, Schuldrollen, Täterrollen, Karmarollen, gesellschaftliche Rollen, Erziehungsrollen, Geschlechterrollen – lösen sich von selbst auf.
Die Liebe zu Dir – die Herzensliebe zu Dir selbst – lässt alle Muster verpuffen.

Und damit meinen wir das TUN!

Es reicht nicht aus, nur zu erkennen – das TUN ist der ausschlaggebende Impuls der Veränderung.
Indem Du bewusst nach Deinem Herzensplan lebst, veränderst Du den Schöpferplan Deines Lebens.

Dein Leben formt sich nach den Impulsen Deines Bewusstseins. Sobald Du den Weg – Deine Route änderst, ändert sich gleichzeitig Dein gesamtes Blickfeld. Eine neue Landschaft mit anderen Eindrücken tut sich Dir auf.

Davor hat das Ego ANGST!
Denn es ist gewohnt, der alten Marschroute zu folgen. Vielleicht veränderst Du das Tempo und wirst schneller, dennoch bleibt es der alte Weg. Und es bleibt ein Bewegen im Kreis.

Deshalb verändere Dein Leben:
Dein Denken, Handeln, Sprechen, Fühlen – Dein gesamtes Wahrnehmen, Dein Sein…
Sei schlicht und einfach offen für Alles-was-ist und noch kommen mag.

Schreibe Dir Dein Leben auf wie einen Film und werde Dir Deiner Marschroute bewusst. Entscheide, dem Weg Deines Herzens zu folgen, und sei gespannt auf das Wunder der Liebe in Dir.

Du bist unermesslich geliebt – liebe auch Du Dich und sei es Dir wert, ein Leben in Liebe und Licht zu sein.

Danke, Namasté.
Die Engel des Lichts.

Brief 4: Über das Ego und sein Verhältnis zur Ganzheit

Ich grüße Euch, Ihr lieben Engel des Lichts, und lade Euch ein, mir eure Durchsagen zu übermitteln.

So grüßen wir Dich, liebes Menschenkind.

Wieso hat das Ego so viel Macht über die Menschen?

Diese Frage stellt das Ego!
Es gibt keine Macht, und wärst Du vollkommen im Vertrauen und in der Liebe zu Dir, würdest Du erkennen, wer Du bist. Du bist Seele, und Deine sogenannte Machtstruktur, das Ego, ist eine Funktion Deines Körpers. Dein Geist gibt die Informationswellen an Deinen Körper weiter.

Was Euch jedoch sehr beeinflusst, sind die Gedankenstrukturen Eures Unterbewusstseins und Eurer Bewusstheit. Diese formen Eure Zellstruktur und somit Euch in Eurer Gesamtheit. Das Ego ist seit Anbeginn des Zeitalters Mensch ein Kontrolleur der Zeit. Es kontrolliert die Menschheit insofern, dass diese sich ihrem Licht unterordnen und hinter ihren Ängsten, Sorgen und Gewohnheiten verstecken.

Das Ego benötigt Nährstoffe, um überlebensfähig zu sein. Nährstoffe, die den Motor des Egos am Laufen halten. Die Menschheit setzt unbewusst und auch wieder bewusst Mechanismen ein, die diese Strukturen des Egos aufrechterhalten. Solche Strukturen sind die Marionetten des Lebens eines jedes Einzelnen. Jeder für sich wird beantworten können, was gemeint ist. Jeder für sich wird erkennen dürfen, was aus Liebe und was aus dem Verstand gesponnen und genährt ist.

Wird die Menschheit darauf hinarbeiten, egofrei zu werden?

Egofreiheit bedeutet, die Freiheit zu sein. Und JA, es ist die Aufgabe der Menschheit, den Weg der Freiheit und der Liebe zu beschreiten. So werdet Ihr immer wieder auf Eure inneren Grenzen aufmerksam gemacht, um zu erkennen! Um Euch im Licht der Wirklichkeit zu erkennen. Erkennt, wer Ihr seid, und die gesamte Kontrollstruktur, die Euch umgibt.

So fragen wir Dich:

Bist Du glücklich, einfach so?
Bist Du liebend, einfach so?
Bist Du voller Freude, einfach so?
Bist Du voller Frieden, einfach so?

Einfach so zu sein,
wie Du bist, ist der Schlüssel Deiner
Wahrhaftigkeit auf Seelenebene.

Die Seele ist im Unterschied zum Ego stets in der Kraft der Ruhe und der eigenen Mitte. Sie ist es, die Weisheit in sich trägt – ohne vorab Bücher gelesen oder Wissen irgendwelcher Art gesammelt zu haben. Die Seele ist Liebe!
Das Ego ist getrieben und gehetzt. Es sucht ständig im Außen nach Anerkennung, Gerechtigkeit, Frieden, Reichtum, Bestätigung, Weisheit, Lebensfreude und Glück, um nur eine einzige Seins-Qualität zu erreichen: Die LIEBE!

Und so traurig es klingen mag: Es wird diese Liebe nie auf befriedigende Weise erfahren!

Nun sind wir ja ausgestattet mit unserem Verstand, dem Ego. Wozu, liebes geistiges Kollektiv?

Es ist der Motor Eurer Dualität auf Erden, die Eigenschaft, die durch die Entwicklung des Menschen benötigt wird. Das Ego ist Euer Antriebsmotor der Veränderung. Wäret ihr Menschen alle in der Liebe, würde es auf Erden nicht diese Entwicklungen gegeben haben. Doch Ihr Erdenbewohner benötigt diese Entwicklungen, um diese in der beginnenden neuen Ära des Goldenen Zeitalters für Euch nutzbar machen zu können.

Da dieser Planet Euer gesamtes Menschsein mit all Euren Sinnen benötigt, um bewohnbar zu sein, sind die Entwicklungen, die Euch führen und begleiten, von wesentlicher Bedeutung.

Am Anfang, als die Menschheit sich zu formen begann, war auf Erden praktisch nichts vorzufinden. Mit nichts meinen wir die Lebensbedingungen, die für Euch Menschen zum Überleben notwendig sind. Alles, was Ihr in Eurem Umfeld vorfindet. Es ist ein sogenanntes Feilen und Formen an Tools, Gebrauchsgegenständen, Objekten, Netzverbindungen, die Euch das Leben lebenswert erscheinen lassen.

Als Mensch dürft ihr im Unterschied zum Dasein als Seele erfahren, wie es ist, auf Erden zu leben. Dazu sind Euch viele materielle und praktischeTools zur Untermalung Eures Seins gegeben. Der Mensch möchte die Liebe, die er auf Seelenebene ist, auch im Außen manifestieren, und dazu benötigt er seine materiellen Tools.

Doch alles ist anders, als es im Moment für Euch Menschen noch scheint!

Das Ergebnis des Forschens und Feilens hat natürlich auch viel an abgefallenem Müll aufkommen lassen, den es nun gilt, zusammenzuhäufen. Das ist der Prozess, der Euch Menschen begleitet: zu erkennen, was Euch in Eurem Sein der tiefen Verbindung in Liebe fördert.

Was ist der Verstand – das Ego?

Das Ego ist ein Instrument des Menschseins auf Mutter Erde. Es ist ein Werkzeug, um Deinem Körper die notwendigen Impulse zu senden, die ihn veranlassen, dieses oder jenes zu tun, gesund, krank, dünn, dick usw. zu sein. Jede genetische Programmierung in Deinem Körper hat die Verbindung zu Deinem Verstand. Jede Krankheit hat die Verbindung zu Deinem Verstand. Dein Verstand ist der Motor hinter all Deinem Sein, der den Prozess in Gang setzt, Dich, Deinen Körper, zu steuern.

Der Verstand hat die Aufgabe, die Impulse Deiner Seele zu erkennen und sie in Dein ganzes Sein zu integrieren.

Der Verstand ist genaugenommen ein Abstraktes in Dir – eine Schaltwirkzentrale.

Warum hat der Verstand diesen enormen Einfluss auf die Menschen?

Der Verstand hat sich im Laufe der Zeit – im Einklang mit der Dualität auf Erden – seinen Platz erkämpft. Den ersten Platz! Er glaubt nämlich zu wissen, was für den jeweiligen Menschen gut oder schlecht ist. Er glaubt, die Oberhand über Dein ganzes Sein zu haben. In Wahrheit ist er geprägt von den Zeichen der Dualität. Er hat in den vielen Jahren so viel an Aufmerksamkeit bekommen, dass er übermütig geworden ist und die Seele in den Hintergrund gedrängt hat.

Im Verstand sind alle Ängste, Sorgen und Erinnerungen aus vergangenen Tagen gespeichert. Er verbindet mit den Erinnerungen aus vergangenen Leben und knüpft an die Erlebnisse an. Er filtert jedoch nur für ihn Wichtiges, alles andere lässt er außer Acht.

Doch gerade in der Rückerinnerung ist eine völlig neutrale Sichtweise in Liebe erforderlich, denn nur so kann erkannt werden!

Der Verstand glaubt zu wissen und zu fühlen, was gut und richtig ist. Nebenbei glaubt er auch noch, dass er die Lösungen für alle Probleme hat. Das beeinflusst den Menschen natürlich enorm. Manchmal so heftig, dass er den Ruf seiner Seele, seines Herzens, nicht mehr hört.

Der Verstand ist so laut, dass der Mensch in diesem Geräusch-Wirrwarr die Stimme des Herzens nicht vernehmen kann. Dabei kämpft der Verstand um Aufmerksamkeit und Gewährung seines Standes, indem er lautstark seine erlernten Wahrheiten präsentiert.

Was sind das für Wahrheiten?

Es sind Wahrheiten aufgrund von Erfahrungen und Prägungen aus dem bisherigen Leben. Der Verstand erinnert sich an Erlebnisse und verknüpft so neue Erfahrungen mit ihnen.

Der Verstand ist von sich aus in der Wertung und Beurteilung und vergleicht das eine mit dem anderen.

Er agiert aufgrund von Erlebtem und kann deshalb auch keine neuen Impulse setzen.

Alle Ängste und Sorgen, jegliche Traurigkeit und Wut – jede Form destruktiver Gedanken – entspringen der Quelle des Verstandes.

Deshalb sind die genannten Emotionen immer ein Resultat Deiner Vergangenheit.

Würde Dein Verstand im aktiven Hier und Jetzt agieren, würde er, selbst wenn tatsächlich ein Problem auftaucht, rationell handeln und erkennen, was es zu tun gilt. Destruktives würde nie entstehen, da er in jedem Moment aufgefordert ist, wach zu sein und die Impulse umzusetzen.

Was ist nun wirklich die Aufgabe des Verstandes?

Die Seele ist die Verbindung zur Quelle!
Der Verstand ist der Motor!
Der Körper ist das Instrument!

Zusammen sind sie die Einheit von Körper, Geist und Seele.
Nur in einem harmonischen Zusammenwirken ist diese Einheit gewährleistet.
Jede Einheit für sich betrachtet hat ihre Aufgabe und Stellung zu wahren.

Die Seele steht in Verbindung zur Quelle und sendet in jedem Moment energetische Impulse an den Verstand.
Der Verstand erkennt diese Impulse, wandelt sie in aktive Impulsschläge um und sendet diese an den Körper weiter.
Der Körper wiederum erkennt diese Impulse des Verstandes und agiert danach.

So hat jeder seine Aufgabe und seine Stellung im Universum. Schwierig wird es nur, wenn die Aufgaben vertauscht werden, zum Beispiel, wenn der Verstand glaubt, die Rolle der Seele übernehmen zu müssen, um Lösungen zu finden.

Der Verstand ist ein sehr komplexes Konstrukt und völlig anders als die Seele zu betrachten. Der Verstand ist ebenso ein Werkzeug – wie der Körper. Beide sind im Einklang ein wunderbares Instrument auf Erden. Ohne Verstand und Körper wäre ein Menschenleben nicht möglich. Ihr Menschen benötigt diese beiden Instrumente, und sie sind von enormer Bedeutung für Euch in dieser Zeit des Wandels.

Deshalb achtet und ehrt Euren Verstand und Euren Körper. Macht beide zu Weggefährten und zu guten Werkzeugen für Euer Leben.

Wie können die Menschen den Verstand besänftigen?

Indem sie die Machtspiele erkennen und das Ego entlarven.

Werde Dir bewusst, was Deinem Herzen entspringt und was auf die Illusion Deines Verstandes zurückzuführen ist.
Es ist reine Übungssache.

Stelle eine Verbindung zu Deiner Seele – zu Deinem Herzen – her, und Du wirst spüren, was die göttliche Wahrheit und was nur Schein ist.
Wann immer Deine Gefühle Achterbahn fahren und destruktive Gedanken auftauchen, sei Dir gesagt, dass dies immer das Ego ist. Jegliche Gedanken der Angst, der Sorge, des Vorausplanens entspringen immer dem Ego und niemals dem Herzen.
Deswegen erkenne zuerst das Spiel, das dahinter steckt, dann ist es ein Leichtes, bewusst Stopp zu diesen Spielchen zu sagen und den Verstand so zu besänftigen.

Ein erwachter Mensch in der Neuen Zeit ist im Einklang mit Körper, Geist und Seele.

Gib bewusst jedem seine Aufgabe und erlaube Deiner Seele, Deinem Verstand und Deinem Körper, das zu sein, was sie jeweils sind.
Nicht mehr und nicht weniger!
Gib ihnen die Erlaubnis zu sein, was sie sind.
Gib Dir selbst die Erlaubnis, im Einklang mit dem göttlichen Schöpferplan zu sein.

Es gibt genügend Hilfsmittel in Form von Menschen, Begegnungen, Symbolen, Botschaften usw., die Dich unterstützen und Dir dabei helfen, zu erkennen, wer Du bist.

Welche Stufen durchläuft das Ego während des Erwachungsprozesses?

Es sind sehr unterschiedliche Stufen, und jeder wird sie für sich individuell erfahren. So, wie es auch verschiedenste Wege des Erwachens gibt.

Die Stufen sind der jeweiligen Entwicklung des Einzelnen angepasst. Erziehung, Gesellschaft und Kultur fließen in das Ego ein. Es ist ein Unterschied, ob Du in einer Familie und in einer Zeit aufwächst, in

denen Spirit offen und bewusst gelebt wird, oder ob Du in einer Gesellschaft und Zeit der Angst und des Misstrauens aufwächst. Alles fördert Dich und strömt in Dich ein. Dein Verstand ist sehr wach und nimmt alles in sich auf. Jede einzelne Erfahrung und jedes einzelne Signal von außen wird gespeichert und transformiert.
Deshalb sind die Erwachungsstufen sehr unterschiedlich und nicht festhaltbar an Ziffern und vergleichbaren Modulen. Es gibt keine Einheitswerte und keinen Einheitsweg – so, wie es keine Anführer oder selbsternannten Gurus mehr braucht.
Jeder darf seine eigenen Erfahrungen machen, und jeder ist geführt in der Verbindung zur Seele.

Jeder geht in seinem Tempo seinen Weg, den er zu gehen hat.

Wehrt sich das Ego gegen diesen Erwachungsprozess?

Das Ego darf lernen, zu erkennen.
Das Ego darf diesen Erwachungsprozess begleiten und das Erlernte in sich transformieren.
Ein Aufbäumen des Egos ist ein Prozess der Wandlung, der sehr viel Geduld und Liebe erfordert. Das Ego versucht, seine Aufmerksamkeit zu erlangen, um endgültig alle Sorgen und Ängste von sich abzuwenden und vollkommen im Licht und in Verbindung zur Seele zu sein. In Wahrheit ist der Verstand bei manchen Menschen bereits völlig überfordert – wie ein Workaholic, dessen Leben sich nur um Arbeit dreht. Die Folgen sind bekannt: Depression oder Burn-out. Der Körper zeigt das Spiel des Verstandes im Außen auf.

Der Verstand sehnt sich schlichtweg nach Ruhe und seinem wirklichen und wahrhaftigen Sein.
Er fordert seine Stellung im Sinne des göttlichen Schöpferplans ein.

Deswegen bist Du als Mensch aufgefordert, in Ruhe und Achtsamkeit diesen Weg des Erwachens zu gehen. Hab Geduld und Vertrauen zu Dir und achte auf die Zeichen, die Dir gegeben werden.

Werden alle destruktiven Gedanken verschwinden?

JA! Dies kann wirklich gesagt sein!
Mit jedem weiteren Schritt Deines Bewusstseins formt sich Dein Verstand. Er wird ruhiger und gelassener und erkennt, was ist.

Gedanken in Verbindung zu Deiner Seele werden immer stärker. Es sind die Gedanken der Liebe.

Wie wird sich das Leben mit einem erwachten Verstand gestalten?

Voller Liebe und Frieden.

Du bist im Einklang mit dem göttlichen Schöpferplan und wirst stets erkennen, was es zu tun gilt.
Jegliche Vorausplanung in Sorge und Angst ist hinfällig.
Es gibt weder Zukunftsängste noch Sorgen oder Traurigkeit des Verstandes.
Du bist völlig losgelöst von irgendwelchen Manipulationen Deiner Vergangenheit.

Du bist in völligem Frieden mit Dir und der Welt.
Liebe durchfließt Dein ständiges Sein.

Es öffnet sich eine Welt voller Liebe, Glück, Harmonie und Fülle auf allen Ebenen.
Spiegel Deines Egoverstandes in Form von Stagnationen sind nicht mehr notwendig.
Du bist in Deiner Mitte, und alles fließt in und um Dich.

Alles fließt, und Du bist umgeben von allem, was Du benötigst.
Alles ist DA – denn Du bist im Einklang mit dem Schöpferplan und schöpfst Dein Leben voller Liebe, Demut und Dankbarkeit.

Du bist in völligem Einklang mit Dir selbst – Deiner Seele!

So ist es, und so darf es sein!
Sei gesegnet auf Deinem Weg.

Mit dem LICHT der LIEBE!

Namasté.
Die Engel des Lichts.
Cherub Aoman

Brief 5: Über den Körper, den Geist und die Seele

Liebe Engel des Lichts, ich lade Euch ein, mir die Botschaften zu diesem Thema zu verkünden und sage danke!

Sei gegrüßt, liebes Sternenkind.

Körper, Geist und Seele sind eine Einheit des Menschen auf Mutter Erde.
Euer Körper ist jedoch nur hier auf Erden von Bedeutung, denn er kann nirgendwo anders existieren. Er ist sozusagen verschmolzen mit der Energie von Mutter Erde.

Welche Bedeutung hat der Körper für uns Menschen?

Euer Körper ermöglicht es Euch, Euch auf Mutter Erde fortzubewegen. Er dient Euch, Erfahrungen mit all Euren Wahrnehmungen und Sinnen zu sammeln. Es ist ein wunderbarer Körper, den Eure Seele bewohnen darf. Es ist Euer Körper, der einzigartig ist und Eure ganz eigene Schwingung in sich trägt. Jeder sendet eine eigene Energieschwingung über den Körper aus. Es sind dies die Signale Eurer Seele, und so werdet ihr im globalen Feld von jeder anderen Seele erkannt – als die und der, die/der Du bist.

Dein Körper ist ein Instrument auf Mutter Erde. Er lässt Dich das Leben genießen und es mit all Deinem Sein erfahren. Ohne Deinen Körper bist Du reine Energie und kannst die wunderbaren Genüsse auf Mutter Erde nicht auf dieselbe Art und Weise erfahren. Die Genüsse, von denen wir hier sprechen, sind unter anderem: Essen aufzunehmen, den Duft der Blumen zu riechen, Haut zu spüren, Augenblicke und Farben zu sehen, Freude, Weinen, Lachen, Lieben… Dies alles sind die Wahrnehmungen Deines Körpers. Und jeder spürt sie für sich anders. Jeder hat seine eigenen körperlichen Wahrnehmungen an Eindrücken, Erfahrungen und Erlebnissen. So, wie jeder Mensch Geräusche anders wahrnimmt oder auch Schmerz.

**Liebe Deinen Körper so, wie er ist, und erlaube ihm, so zu sein, wie Du bist.
Achte und ehre Deinen Körper und höre auf seine Botschaft, die er Dir liebevoll mitteilt.**

Botschaften wie: Krankheit, Müdigkeit, Schmerz, Gänsehaut, Wärme oder Kälte…
Alle diese Zeichen sind Botschaften. Dein Körper ist ein wunderbares Messinstrument mit einer großen Anzeigetafel für Befindlichkeiten Deines Selbst. Bist Du aufmerksam Dir selbst gegenüber, kannst Du schnell diese Botschaften Deines Körpers erkennen.
Es geht um das Erkennen, was Dir Dein Körper sagen möchte.
Zum Beispiel das Bauchgefühl: Achte ebenso auf Abwehrmechanismen wie auf Anziehungshinweise Deines Körpers. Dein Körper bist Du, und er kennt Dich wie kein anderer. Er möchte gehört und verstanden werden. Erlaube Deinem Körper, von Dir gesehen zu werden. Er ist von großer Bedeutung auf Mutter Erde. Liebe Dich und Deinen Körper und schenke ihm die Aufmerksamkeit, die er gerade jetzt braucht.

Lerne, auf die Botschaften Deines Körpers zu hören.

Je bewusster Du bist und je mehr Du Dich der göttlichen Wahrheit und Wirklichkeit öffnest, desto wichtiger sind die Signale Deines Körpers, und desto mehr wirst Du mit Deinem Körper als Seele verschmelzen. Teilweise ist die Seele außerhalb des Körpers und hat nicht die Möglichkeit, in ihm zu wohnen, da moderne Lebensgewohnheiten der Seele keinen Zutritt zum Körper gewähren. Oft ist es auch bei einer Seelenaufspaltung zu beobachten, dass die Seele nur zum Teil im Körper inkarniert ist und der andere Teil sich oberhalb des Kronenchakras befindet. Eine Reinigung des Körpers ist notwendig, um die Seele im Körper zu vereinen. Denn es ist sehr wichtig in dieser Neuen Zeit, dass Du als Seele vollkommen in Deinem Körper bist, um die Umwandlungsprozesse aktiv und bewusst mitzugestalten. Also reinige Dich von Deinen körperlichen Verschmutzungen und vereine Deine Seele in Deinem Herzchakra.

Wie reagiert der Körper auf das steigende Bewusstsein von Mutter Erde?

Die Aufgabe als Mensch auf Mutter Erde ist es, gemeinsam mit Mutter Erde in die nächste Dimensionsschwingung aufzusteigen. Der Körper benötigt dazu die Hilfe Deines Bewusstseins, um sich auf diese höhere Schwingung einlassen zu können. Anderenfalls wird er ins Schleudern kommen und mit der hohen Schwingungsfrequenz nicht umgehen können. Deshalb reinige Deinen Körper von Verschmutzungen der Lebensgewohnheiten und negativen Einflüsse.

Durch die Reinigung passiert Folgendes:
Deine Körperzellen stoßen die alte und verbrauchte Energie ab und machen Platz für die neue. Die Zellen blasen sich auf wie kleine Ballons und füllen so die bereits entstandenen Dellen mit reinem Schöpferlicht auf.

Krankheiten und Belastungen Deines Körpers dematerialisieren sich durch die Kraft der Liebe und lösen sich in Licht auf.

Die Einheit Deines Körpers mit Deiner Seelenkraft ist nun wieder vollständig gegeben.

Dein Körper setzt fortan die Impulse Deines Geistes um, die der Quelle Deiner Seele entspringen.

Dein Körper wird weder in Krankheiten verfallen noch einen Alterungsprozess durchlaufen.
Er findet seine Mitte und ist im Einklang mit dem Geist und der Seele.

Wie bereits erwähnt, sind Krankheiten schlicht die Impulse Deines Verstandes. Es krankt sozusagen in Deinem Verstand.

Die Alterungsprozesse des Körpers sind genetische Kodes, die notwendig waren, um schnellere Inkarnationen der Seelen zu ermöglichen. Denn der Körper hatte nicht die Kraft, mehrere Hunderte von Jahren den Illusionen des Verstandes standzuhalten.

Als bewusster Mensch der Neuen Zeit wird es jedem möglich sein, im Einklang mit Körper-Geist-Seele das eigene Wohlfühlgewicht und Wohlfühlalter zu leben, und das über einen sehr langen Zeitraum.

Die Entscheidung, einen Körper zu verlassen, um zu sterben, wird nicht mehr notwendig sein. Es werden immer mehr Seelenreisen stattfinden. Der Körper kann sozusagen in tiefer Meditation oder Trance über den Geist transformiert werden – wie in einem tiefen Schlaf –, und die Seele hat die Möglichkeit, in viele Dimensionen zu reisen.

So ist es immer möglich, in Verbindung mit Mutter Erde zu sein, wie es bereits auf anderen Seelenplaneten der Fall ist.

Die Seelen wandern an die Plätze, wohin sie gerufen werden.
Es geht um die Verschmelzung der Liebesenergien.
Die Seelenreisen beschleunigen die Wandlung und sind mit ihrer Transparenz ein wichtiges Instrument der Neuen Zeit. Wir sprechen hier auch von Dematerialisierung und Materialisierung von Materie und Körper.

Das bedeutet auch, dass Dein Körper seinen Platz gemeinsam mit der Seele verlassen kann. Er hat die Möglichkeit, gemeinsam mit der Seele auf Reisen zu gehen und sich so von einem Platz zum anderen in Lichtgeschwindigkeit zu begeben.

Ja, Ihr Lieben – es wird sich vieles verändern – alleine im Reiseverkehr (☺)!

Habt Vertrauen in dieser Zeit des Umbruchs, vieles benötigt noch Reifung. Wir sind bei Euch und führen, stützen und begleiten Euch.

Zum Alterungsprozess des Menschen möchten wir Euch noch Folgendes mitteilen: Ihr Menschen habt einen biologischen Körper, der sich stets wandelt. Ihr seid es so gewohnt, dass, wenn Ihr – in Jahren gerechnet – altert, Euer Körper immer mehr zerfällt, Eure Haut schlaff wird, Eure Organe stark belastet sind, Eure Muskel- und Nervenzellen degenerieren. Die Alterserscheinungen, die von Euch Menschen erwartet werden, treffen natürlich ein.

Doch es ist die Prägung Eures Verstandes, die Euch altern lässt!

Als bewusster und erwachter Mensch der Neuen Zeit findet eine Schwächung des Körpers nicht mehr statt. Euer Körper formt sich mit Eurer Geistesentwicklung. Das Wohlergehen und Wohlbefinden inklusive Gesundheit Eures Körpers stehen in engem Zusammenhang zur Lebensweise des Einzelnen und des Massenbewusstseins. Einerseits ist der Einzelne verantwortlich für seine körperliche Form, andererseits schwingt die Energie des Massenbewusstseins immer mit Euch mit. Das bedeutet: Wenn möglichst viele Menschen auf Mutter Erde erwachen, wird der Rest der Menschheit mitgerissen von der Energie der sogenannten kritischen Masse an erwachten Menschen.

Erlaube Deinem Geist, sich zu wandeln und die alten Gewohnheiten fallenzulassen. Jeder Mensch ist verbunden mit dem Göttlichen und trägt den Keim der Erneuerung in sich.

Was können wir Menschen für unseren Körper tun, um seine Vitalität zu erhalten?

Ihr lieben Menschen, hört auf Euer Herz und auf die Stimme Eurer Seele!
Ihr seid alle geführt, und ihr seid ein Teil von Mutter Erde. Euer Körper ist verschmolzen mit Mutter Erde. Und wenn Du im vollen Bewusstsein bist, wirst Du erkennen, dass Du gemeinsam mit Mutter Erde leben kannst.

Dies ist die Quintessenz von Leben:

Gemeinsam und im Einklang
mit Mutter Erde zu leben.

Achtet auf die Zeichen der Natur und folgt ihnen.
Hört auf zu glauben, besser oder wichtiger zu sein und bessere Technologien für die Gesunderhaltung Eures Körpers zu entwerfen.

Ihr tragt alles in Euch!

Alles, um Euch gesund und vital zu fühlen.

Achtet auf Eure Ernährung!

Achtet darauf, was und wie Ihr esst. Hört viel mehr auf die Stimme Eures Inneren, die genau weiß, was Ihr im Moment an Nahrung benötigt. Hört auf mit dem Verzehr von tierischen Konsummitteln! Es schwächt Euren gesamten Organismus und verschleimt Euren Körper. Alle tierische Genussmittel sind für Euren Körper als Medizin gedacht und niemals als Grundernährung. Die tierische Ernährung schwächt Euren Körper und fördert die Verkalkung Eurer Nerven und Energiebahnen. Erst wenn Ihr erkannt habt, dass jedes Lebewesen eine Seele in sich trägt und Teil von Euch ist, werdet Ihr Eure Nahrung aus einem völlig anderen Gesichtspunkt sehen.

Es gibt für Euch Menschen eine Lebensvielfalt an pflanzlicher Nahrung, die Ihr für Euren Körper benötigt. Ihr wisst es – Ihr braucht nur mehr zu erkennen!

Achtet auf die äußerliche Anwendung von Stoffen!

Wählt bewusst natürliche Stoffe als Kleidung und achtet auf die Kosmetikprodukte, die Ihr verwendet.
„Nichts ist so, wie es scheint", trifft auf die Verwendung von Kosmetika zu. Achtet auf die Sprache der Verpackung und erkennt, was Ihr kauft. Informiert Euch über biologische Kosmetik ohne künstliche Inhaltsstoffe. Wendet Euch der Natur zu, denn was für den einen förderlich ist, kann den anderen schwächen. Die Natur bietet Euch zahlreiche Pflanzen, Wurzeln, Blätter, Wasserquellen…, die Ihr Menschen für Euch verwenden könnt. Informiert Euch!

Achte auf energetische Reinigung und Klarheit!
Achte auf die Energiebahnen in Deinem Körper!
Achte auf Deine innere Lebensfreude und die Zuwendung zu Deinem Seelenleben!
Gehe regelmäßig in Meditation – in Deine innere Stille!
Sei verbunden mit Mutter Erde und höre die Stimmen der Natur wieder!
Tue ausschließlich das, wonach Dein Herz strebt!

Als Mensch wirst Du noch erkennen, wozu Du alles fähig bist und welche göttliche Schöpferkraft Dich führt.

Besteht durch diese neue Lebensweise die Gefahr einer Überbevölkerung?

Die Seele hat einen genauen Plan, und Deine Seele hat vorab entschieden, auf welchem Planeten sie sein möchte. Es sind im göttlichen Plan verschiedene Planeten vorgesehen, und jede Seele hat ihre Heimat. Momentan sind sehr viele Seelen gespalten, doch durch den Erwachungsprozess wird eine Verschmelzung der Seelen stattfinden, sodass jede Seele vollkommen in ihrem Sein ist.

Wisse, dass es einen kosmischen Plan für Mutter Erde und ihre Bewohner gibt.
Wenn Ihr in der Stufe Eures Erwachen seid, werdet Ihr diese Fragen nicht mehr stellen – dann erkennt Ihr Alles-was-ist.
Noch sind diese Fragen wichtig, damit Ihr erkennt und Euch mental auf die Zeit, die kommt, vorbereiten könnt. Auch wenn es der Fall sein sollte, dass Ihr in eurem jetzigen Körper die völlige Wandlung nicht mehr erleben werdet, sind alle Lebensinformationen dieser Inkarnation auf Seelenebene in Euch gespeichert. Beim Einstieg in eine neue Inkarnation auf Erden werdet Ihr schließlich an Euer Wissen anknüpfen und weiterschreiten.

So viel sei gesagt: Eine so zahlreiche Bevölkerung, wie Ihr sie jetzt auf Mutter Erde kennt, wird es nicht geben.
Durch die bereits erwähnte Seelenzusammenführung und der Weiterwanderung von Seelen auf andere Planeten wird sich ein völlig neues Bild auf Mutter Erde präsentieren.

Habt Vertrauen in Euch und in den göttlichen Plan.
Wir Wesen des Lichts, Eure Sternengeschwister, sind unter Euch und im Geist mit Euch. Gehe Deinen Weg voller Vertrauen in Dein Licht, in dem Du bereits vollkommen bist.

In tiefer Seelenverbindung zu Dir, lieber Mensch und liebe Seele, der/die Du bist.
Seid gegrüßt.
Die Engel des Lichts.

Brief 6: Über das Frau SEIN und das Mann SEIN

So grüße ich Euch, Ihr lieben Engel des Lichts.
Danke für die Klarheit und die Transparenz der Themen und wie sie mir übermittelt werden.
Gerade eben habe ich einen Ausschnitt eines Interviews mit einer sogenannten Feministin über den Wert der Frau in unserer Gesellschaft gehört.
Da mir dieses Thema in den letzten Tagen auf unterschiedlichste Weise präsentiert wurde, bitte ich um klare und lichtvolle Botschaften zu diesem Thema.
Danke, Ihr lieben Wesen des Lichts!

Liebe Wesen, warum sind wir überhaupt als Mann und als Frau erschaffen worden – oder dient dieses menschliche Merkmal ausschließlich der Dualität?

So grüßen wir Dich, liebes Menschenkind.
Es wird dies wahrlich ein sehr bewusstes Channeling, denn dieses Thema ist sehr wichtig für Euch Menschen.
Das Thema Mann und Frau und alle dazugehörigen Impulse.

Wir danken Dir für diese Frage.

Ihr lieben Menschen, Ihr seid so vielfältig auf Erden, und dennoch spaltet sich Eure gesamte Gruppe in zwei Einzelteams – die der Frauen und die der Männer. Dabei seid Ihr doch so gleich und verbunden in Euch.

Ihr seid auf Erden als Mann und als Frau, körperlich betrachtet, völlig verschieden ausgestattet. Eure Körper reagieren auch unterschiedlich auf verschiedenste Wahrnehmungen im Außen. Empfindungen werden als Mann und als Frau unterschiedlich erkannt und verarbeitet. Zum Beispiel die Empfindung von Kälte oder Schmerz. Ein Mann ist aus körperlicher Sicht viel eher dazu befähigt, Schmerz oder Kälte auszuhalten, als der Körper einer Frau. Dies sind rein körperliche Merkmale, und natürlich gibt es auch hier Ausnahmen. Denn es gibt auch Frauen, die einen gewissen Schmerz besser aushalten als mancher Mann. Umgekehrt gibt es Männer, die wesentlich sensibler sind als manche Frau. Sensibilität, Weichheit und Mütterlichkeit sind ja Attribute, die eher den Frauen zugeschrieben werden.

Wir möchten damit nur ausdrücken, dass es nichts Fixes – keine genauen Festschreibungen gibt und niemals gegeben hat, weil jeder von Euch individuell ist und der Körper nicht isoliert betrachtet werden kann. Der Mensch ist vielmehr ein komplexes Miteinander verschiedenster Einflüsse des festen Körpers und der Energiekörper. Als Mensch bist Du eben auch Geist und Materie und Herz und Seele – Du bist Energie und geprägt von den Einflüssen dieser Welt. Was wir damit sagen möchten ist, dass Du alles in Dir vereint bist – alle Einflüsse Deiner Ausstattung, Deiner Herkunft und Deiner Seelenform.

Als Frau und als Mann seid Ihr stets die ideale Ergänzung zueinander, um im Schöpfungsplan von Mutter Erde existieren zu können und bewusste Schöpfer zu sein.

Ihr seid auf Erden als Mann und Frau erschaffen worden, um das eben Genannte leben zu können.

Auf jedem Planeten, auf dem sich Leben befindet, gibt es eigene Gesetzmäßigkeiten, damit Leben funktionieren kann.

Auf Mutter Erde und in Vater Universum gibt es die Gesetzmäßigkeit der Fortpflanzung und der Schöpferkraft. Es ist dies ein wunderbares Werkzeug der Liebe und des Lichts, das ihr Menschen in Euch tragt. Es ist dies Teil Eures Lebens, als Frau und als Mann vereint zu sein.
Eure Geschlechtlichkeit ist kein Zeichen der Dualität, sondern die lichtvolle Form Eures Daseins auf diesem Planeten, um Eure göttliche Schöpferkraft zu erwecken.

Was ist der göttliche Kern der Frau?

Ihr lieben Frauen, Ihr seid das lichtvolle Wunder dieser Erde!
Ihr tragt den Samen der Liebe und des Lichts in Euch. Ihr tragt die Zellen der Liebe und des Lichts in Euch und seid die Hüter der Liebe und des Lichts.

Ihr verkörpert die Wärme, das Strahlen und die Weichheit des göttlichen Lichts.

Als Frau bist Du stets verbunden mit dem Schöpferplan von Mutter Erde.
Du spürst als Frau den Herzschlag von Mutter Erde und Göttin Mond. Dein gesamter Körper ist nach den Gesetzmäßigkeiten von Mutter Erde ausgerichtet. Denke an Deinen monatlichen Rhythmus des Körpers: die Reinigung und der Aufbau Deiner Schöpferzellen in Form des Austauschs von Leben durch Dein Lebenswasser – das Blut. Als Frau trägst Du den Zyklus von Mutter Erde und Göttin Mond in Dir.

Frau sein bedeutet, Leben zu empfangen und im Einklang mit den Gesetzmäßigkeiten von Mutter Erde zu sein.

Was ist der göttliche Kern des Mannes?

Ihr lieben Männer, Ihr seid das lichtvolle Wunder dieser Erde! Ihr tragt den Samen der Liebe und des Lichts in Euch. Ihr tragt die Zellen der Liebe und des Lichts in Euch, und Ihr seid die Hüter der Liebe und des Lichts.

Ihr verkörpert das Wissen, die Weisheit und den Glanz des göttlichen Lichts.

Auch als Mann bist Du stets verbunden mit dem Schöpferplan von Mutter Erde. Du bist als Mann auch mit den Gesetzmäßigkeiten von Mutter Erde verbunden und trägst die Frucht der Schöpfung in Dir. Dein Körper reagiert ebenfalls auf die Schwingungen von Mutter Erde und Göttin Mond. Du kennst als Mann die Veränderungen im Laufe eines Zyklus. Du nimmst die Schwingungen der Gezeiten in Deinen inneren Wandlungsprozessen deutlich als Stimmungsveränderungen über den Austausch Deiner Hormonveränderungen wahr.

Mann sein bedeutet, Leben zu geben und im Einklang mit den Gesetzmäßigkeiten von Mutter Erde zu sein.

Was ist die Gemeinsamkeit von Frau und Mann?

Das Gemeinsame ist, dass es wahrlich kein Getrenntsein gibt. Wie Du bereits erfahren hast, seid Ihr alle verbunden mit dem Kern Eures Lebens und dem Planeten, auf dem Ihr wohnt. Das einzige Unterscheidungsmerkmal ist die Form Eurer Körper als Frau und als Mann. Ihr seid so ausgestattet, damit Ihr Euch in der Ergänzung zueinander vereinigen könnt.
Das ist die Form Eures Lebens.

In Eurem Inneren seid ihr vollkommen gleich und verbunden mit den Gesetzmäßigkeiten des Lebens.

Viele Eurer Wahrnehmungen des Empfindens und der Verteilung von Rollen in Eurer Gesellschaft sind antrainiert und weitergegeben worden. Ihr seid sozusagen in eine Welt geboren worden, und Euch wurden die Gesetze des Zusammenlebens diktiert. Jemand hat einmal vorgegeben, wie ein Mann – eine Frau – in der Zeit, in der ihr lebt, zu sein hat. Es sind dies uralte Rituale und Formen Eures Zusammenlebens, die sich nur in minimaler Weise verändert oder angepasst haben. In Eurem Inneren spürt ihr bereits, dass es kein Getrenntsein gibt! Ihr spürt die Zusammengehörigkeit der Geschlechter und dass jeder so sein darf, wie er ist.

Dennoch gibt es körperliche Unterschiede, die, genauer betrachtet, keine Unterschiede sind. Sie sind nur augenscheinlich, denn auf wahrer göttlicher Ebene seid Ihr durch die Verbundenheit Eures Seins gleich.

Als Mann schenkst Du Leben in einer körperlich anderen Form wie als Frau.

Bei der Schöpfung eines Kinders wird Euch dies bewusst sein:
Der Körper des Mannes hat, ebenso wie der Körper der Frau, Teil am Akt der Schöpfung. Jeder trägt den Samen in sich, und in jedem reift die Frucht der Schöpfung auf eine eigene körperliche Weise heran.
Der Mann schenkt die vollkommene und ausgereifte Zelle der Schöpfung durch die liebevolle Verbindung an seine Frau weiter.
Die Frau empfängt die Zelle in dieser liebevollen Verbindung und nimmt sie in sich auf.
Was in diesem Akt der Liebe geschieht, ist ein menschliches Wunder und göttlicher Schöpfungsplan.
Die Frau formt in ihrer Verbindung zum Licht diese Zelle in sich heran und bietet gleichzeitig Hülle und Schutz zur Reifung dieses göttlichen Lichts in sich.
Der Mann hat bereits im Vorfeld dieser Zelle Licht und Liebe gespendet.
Es ist also immer eine Form des Gebens und des Empfangens – egal, ob Frau oder Mann.

Ihr seid in allem gleich, indem Ihr alles spürt, da Ihr immer als Frau und Mann miteinander verbunden seid.
Beispiel: Wer als Mann bei der Geburt eines Kindes dabei war, wird wissen, wie es sich anfühlt, ein Kind zu gebären.
JA!
Als Mann hast du dieselben Schmerzen des Neubeginns und des Loslassens in Dir! Es gibt kein Getrenntsein, nur weil es sich auf eine andere Weise auszudrücken vermag. Es wurde in eurer Gesellschaft niemals offen über die Schmerzen eines Mannes während der Geburt gesprochen, und dennoch sind sie da.
Ihr seid gemeinsam verbunden und doch so verschieden in Euch!

Warum gibt es diese Disharmonien zwischen den Geschlechtern?

Weil Ihr Menschen mit den Regeln Eurer Gesellschaft so verhaftet seid. Wie Ihr zu sein habt und wie Ihr Euch als Mann oder als Frau definiert.
Es sind Eure Euch auferlegten Dogmen, die verhindern, dass jeder so sein kann, wie er ist.
Da Ihr Menschen mit den stetigen Schwingungsanhebungen Eures Planeten verbunden seid, merkt Ihr natürlich die Aufspaltung von Ego und Sein.
Das Sein – Eure Seinsform und Seele in Euch ist verbunden mit der göttlichen Wahrheit und Wirklichkeit, und durch die Erhöhung der Schwingungsfrequenz öffnet sich dieses Wissen immer mehr in Euch. Ihr spürt die Wahrheit und könnt mit den Illusionen Eures Egos nichts mehr anfangen. Ihr spürt den Kern der Wirklichkeit und erinnert Euch immer mehr an den göttlichen Kern in Euch. Die Seifenblasen der Illusionen, wie Ihr in Eurer Gesellschaft zu sein habt, zerplatzen.
Daher machen die Konflikte in Euch nun auf sich aufmerksam!
Ihr werdet Euch fremd – so, wie es Euch gezeigt wurde.
Das Ego rebelliert! Es kennt ja nur die eine Seite, die ihm gezeigt wurde.

Es ist Teil Eurer Seelenentwicklung, dass ihr endlich akzeptiert!
Euch SELBST so akzeptiert, wie ihr seid!
Egal, was Euch die Gesellschaft vorschreibt: Seid so, wie Ihr seid.

Als Mensch bist Du, unabhängig von Deiner geschlechtlichen Präsenz, zur Hälfte Frau und zur Hälfte Mann!
Du bist komplett ausgestattet mit Allem-was-ist!

Sei Dir dessen bewusst, dass Du alles in Dir vereinst: das männliche Prinzip des Gebens und das weibliche Prinzip des Empfangens.

Erst wenn Du verbunden bist mit Allem-was-ist und dieses für Dich akzeptierst, kannst Du frei sein von irgendwelchen Illusionen des Egos.

Es ist die Aufgabe Eurer Seele, in Frieden mit allem zu sein und zu erkennen, dass jeder mit jedem und alles mit allem verbunden ist.

Wenn Dir das nächste Mal eine Disharmonie zum anderen körperlichen Geschlecht bewusst wird, dann frage Dich:
Wie sehr akzeptiere ich mich und meine Verbundenheit zu dem, was mir gezeigt wird? Und bin ich im Frieden mit Allem-was-ist?

Hört auf, Euch zu bekriegen – Ihr lieben Menschen!
Hört auf, Eure Männlichkeit oder Weiblichkeit infrage zu stellen und verbindet Euch stattdessen bewusst mit der Wahrheit Eurer Seele. Formt Euch in Eurem Sein zu dem, der Ihr seid.

Wie haben wir Menschen mit unserer Körperlichkeit umzugehen?

Als Erstes vergiss alle Vorschriften und Ratschläge alter Zeiten.

Erkenne, was Dich ausmacht und formt.
Erkenne, was Dein Körper möchte und was er Dir zu sagen hat.
Nimm die Geschenke Deines Körpers an und lebe stets im Einklang mit Mutter Erde.
Sie zeigt Dir den Weg Deiner körperlichen Entwicklung.
Es geht weniger darum, wie Du Dich kleiden oder konform verhalten sollst, sondern zu spüren, wer und was Du bist. Dies geht im Einklang mit Mutter Erde.
Jeder darf so sein, wie er ist!

Eure Gesellschaft bricht allmählich auf, und schon vieles wurde Euch zu diesem Thema gezeigt: Menschen, die öffentlich und auf ihre Weise Sexualität oder Partnerschaft leben. Das, was Euch aufregt, was anders ist als die NORM! Seht auf die Vorgänge in Eurem Lebensumfeld und erkennt den Reichtum des Menschseins.

Es gibt kein Richtig oder Falsch!
Wenn Du erkennst, dass alle Gefühle und Bewegungen Deines Herzens DU SELBST BIST, bist Du frei!

Erkenne Dein Licht und Deine wahre Göttlichkeit!

Spüre Deinen Herzschlag – spüre die Impulse, die Dich führen, und Du bist im Einklang mit Deinem Körper, indem Du diese Impulse in Deinem alltäglichen Sein umsetzt.
LEBE DIE GEFÜHLE DEINES HERZENS! Sei authentisch.

Und die Sexualität?

Die körperliche Vereinigung ist eine reine Form der Herzens- und Seelenliebe.
Sie dient Eurer Verbindung zum göttlichen Schöpferplan.
Es ist die Verschmelzung Eurer Seelen und die Verbindung zum Vollkommenen.

Rund um dieses Thema dürft Ihr Menschen noch vieles erkennen, was bereits da ist.
Erkennen, worum es wirklich geht.
In Eurer liebevollen Verbindung auf körperlicher Ebene habt Ihr die Möglichkeit, Euch im Herzen zu berühren. Sexuelle Verbindung ist Heilenergie für Euch und Mutter Erde.

Lebt bewusst Eure Herzensverbindung zu Eurem Seelenpartner und genießt Eure Körperlichkeit ganz bewusst. Ihr entscheidet selbst über das Wohlgefallen Eures Zusammenlebens.
Habt den Mut, Euer Ego und somit alle Erinnerungen und Prägungen der sexuellen Vereinigung fallenzulassen. Erst wenn Ihr Menschen Euch immer wieder von neuem begegnet, werdet Ihr frei und in der göttlichen Liebe verbunden sein.
Übe Dich im Freigeben des Verstandes und reinige Dich von den Verschmutzungen des Verstandes.
Gehe in die Natur und verbinde Dich mit Mutter Erde, um zu transformieren.
Sei wach und erkenne, was Dich formt!

Sexualität heißt Liebe!
Es bedeutet Liebe!
Und es IST Liebe!

Danke, Ihr lieben Wesen der göttlichen Wahrheit.

Wie darf sich das Miteinander in Partnerschaften gestalten?

Voller LIEBE und im bewussten JA zu Dir selbst!
Ihr Menschen gestaltet selbst Euer Zusammensein, und jeder darf für sich in der Partnerschaft entscheiden, wie die Aufgaben verteilt werden.
Dazu dürfen wir Euch sagen, dass Ihr Eure Gaben zu einer Einheit verschmelzen dürft. Löscht Eure Egos aus, die irgendwelchen Illusionen einer „idealen Partnerschaft“ nachgieren.

Ihr selbst seid es, die erkennen dürfen, was Eurem Herzen gefällt. Hört auf Euer Herz und verbindet Euch mit der Kraft der Liebe.

Danke. Wir senden Dir Liebe. Alle Flammen der Liebe dürfen sich im Herzen bündeln, jetzt und allezeit.

So seid gegrüßt.
Lady Gaia und die Engel des Lichts

Brief 7: Über die Schöpferkraft

So lade ich Euch ein, Ihr lieben Engel des Lichts und der Liebe. Ich grüße Euch und bitte Euch, mir Fragen zu diesem Thema zu beantworten.
Danke.

Wir grüßen Dich!
Sehr gerne beantworten wir Deine Fragen.

Liebe Engel des Lichts, in diesen Zusammenhang möchte ich gerne gleich zu Beginn das Thema Geld ansprechen. Die Energie des Geldes, die ja so von Bedeutung ist auf diesem Planeten. Was könnt ihr uns aus spiritueller Sicht zum Thema Geld und dem Umgang damit sagen?

Danke für diese bedeutsame Frage – nicht für uns Wesen aus Lichtenergie, sondern vielmehr für Euch Menschenseelen.

Das Geld ist für Euch Menschen zu einem Teufelskreis geworden, dessen ursprüngliche Bedeutung lediglich ein neutrales Tauschmittel war. In den Menschen wurde die Idee des Geldes geboren, um den Dingen einen allgemeinen Wert beizumessen und sie auf gleiche Art und Weise getauscht werden können. Geld für Ware oder für Dienstleistung. Als das Geld – früher war es das Edelmetall Gold – in den Umlauf der Gedanken der Erfinder dessen kam, wurde das Macht- und Gierverhalten des Menschen entfacht. Die Kraft der Manipulation über dieses Machtmittel wurde geboren. Im Laufe der Geschichte des Menschen und bis heute wird um diese Energie gekämpft, gebeutet, verleugnet, schlicht: jeglicher Missbrauch betrieben.
Ihr Menschen tragt dieses Schuld- und Machtbewusstsein seit Generationen in Euch und gebt es an eure Kinder weiter. Der Umgang mit dieser Energie des Geldes formt Euren Verstand und lässt Euer Seelendasein verstummen.

Da Ihr dieser Energie so viel Bedeutung zumesst, habt Ihr vergessen, worum es ursprünglich im Austausch von Ware und Dienstleistung ging: schlicht und einfach um den Tausch von LIEBE!

Ihr gebt LIEBE und erhaltet LIEBE.
Liebe gebt Ihr in Form dessen, welchen persönlichen oder auch festgelegten Wert Ihr der Ware und Dienstleistung beimesst.
Liebe erhaltet Ihr in Form einer Ware oder Dienstleistung.
Es ist ein Rad aus Geben und Nehmen.
So einfach ist es.

Das Tauschmittel Geld dient nur dazu, Euch in Eurem Verstandesdenken zu beruhigen.
Die Alternative zum Geld wäre nämlich LIEBE!

Das Tauschmittel der Neuen Zeit lautet: LIEBE!

Um Euch dies näherzubringen:
Ihr erhaltet eine Ware oder Dienstleistung und gebt dafür LIEBE.
Keinen WERT als GEGENLeistung – dieser Begriff wird in Euren Köpfen nicht mehr existieren.
Es wird ein Tausch aus Liebe.

Wenn Du etwas benötigst, sei es Nahrung, Kleidung, Baustoffe, Kräuter, Möbel ..., hab Vertrauen, dass es Dir gegeben wird – ohne dafür etwas in Form von Materiellem zurückzugeben.
Achtung! Es handelt sich um einen Tausch von LIEBE! Es bedeutet nicht, dass Du bekommst und bekommst und nichts dafür gibst. Ganz wichtig: Du gibst LIEBE! Du bist ein Mensch, der aus dem Herzen gibt, der das gibt, was er zu geben hat. Was auch immer dies ist: Ware oder Dienstleistung. Du gibst jemandem, der es benötigt. Dieser Tausch verläuft indirekt, du gibst also nicht unbedingt demjenigen etwas, der Dir gegeben hat. Und du erhältst auch umgekehrt von dem Menschen, dem Du gegeben hast, vielleicht nichts zurück.

Der Kreislauf geschieht von selbst.
Es ist ein Vertrauenskreislauf, in dem jeder erwacht ist und um seine Bestimmung weiß.

Ist das der ursprüngliche Kreislauf der Seelen?

Ja, so ist es!
Es ist der Kreislauf des Göttlichen in Euch!

Ihr alle habt zu erkennen, dass weder Gier, Geiz noch Machtstreben auf Eurem Weg des Erwachens Bestand haben. Es sind dies alles Seifenblasen, die zerplatzen werden. Denn Ihr alle werdet Euch dem Licht zuwenden und erkennen, dass jegliche dunkle Gedanken weit hinter Euch zerplatzt sind und sich in die Kraft der Liebe transformiert haben.

Wie wird sich die Erde in naher Zukunft bezogen auf das Geld gestalten?

Die Energie des Geldes verformt sich bereits. Und von den bereits genannten Seifenblasen sind schon viele zerplatzt. Das Geld wird sich wandeln und zum ursprünglichen Gedanken formen. Es darf erkennen, wer es ist!

Das Geld erkennt, welche Aufgabe es hat!
Ihr Menschen erkennt, welche Aufgabe Ihr habt!

Etwas Neues kommt auf Euch zu – eine neue Währung.
Sie nennt sich LIEBE – im Austausch mit dem höchsten Prinzip der Göttlichkeit!

Wenn Du erkennst, welche schöpferische Kraft Du als Mensch hast, wirst Du der Energie des Geldes keinen Wert mehr beimessen. Sie zerplatzt förmlich in Deinen Gedanken.

Wie können wir Menschen den Zugang zu dieser Schöpferkraft wieder entdecken?

ERKENNE, dass Du es bist!
Der Schöpfer Deines Lebens!

Du bist verbunden mit der Urquelle Deines Seins, der alles entspringt.

Wenn Du den göttlichen Funken in Dir wiedererkennst und ihn annimmst, bist Du in der Energie der Schöpfung, verbunden mit Allem-was-ist.

Hört auf, in Eurer Vergangenheit nach Schuldigen zu suchen.
Und hört endlich auf, in der Zukunft nach Lösungen und ERLösern zu suchen.

Du bist zu jeder Zeit verbunden mit Deiner Schöpferkraft.

Du musst nur JA zu sagen zu Deiner göttlichen Urquelle in Dir, der Verbindung zu Deinem Kern!

Was auch immer in der Vergangenheit geschehen sein mag, ist nun vorbei.

Erlaube Dir, die Vergangenheit loszulassen und endlich Dein Seelenwissen zu leben – ohne Ausreden und Angst vor DIR SELBST.

Dies heißt in unsere Sprache: Wir können alles haben, was wir uns wünschen?

Anders: Ihr Menschen seid zu allem fähig, woran Ihr mit Eurem Herzen glaubt.

Es geht weniger um das Besitzen und Haben, sondern vielmehr um die Verwirklichung Eurer Lebensaufgabe und die damit verbundenen Wünsche.
Die meisten Wünsche, Ihr lieben Menschen, entspringen Eurem Verstand.
Wünsche, die weder mit Eurer Seelenaufgabe verbunden, noch Teil Eures Herzens sind. Die meisten Eurer Wünsche sind gesteuerte Manipulationen Eurer Zeit und Eures Raums.

Als Erläuterung dessen: Denke an einen simplen Wunsch in Dir. Beispiel: Ein neues Telefon, ein noch viel schickeres Auto oder ein weiteres Paar Schuhe in Deiner Sammlung. Wir fragen Dich: Benötigst Du diese Dinge, um Deinen Seelenauftrag zu leben?
Wohl kaum!
Es sind schlicht Anhäufungen Deines Verstandes, um ihn zu beruhigen und Dir damit ein gutes Gefühl zu geben.

Die Herzenswünsche allerdings dienen Deinem Fortschritt auf Seelenebene: Ein Telefon, um erreichbar zu sein für die Einladung zu einer Verabredung. Ein Auto, um an den Platz zu reisen, an dem diese Verabredung stattfindet. Neue Schuhe, um gut gekleidet beim Geschäftsessen mit Deinem neuen Arbeitgeber zu erscheinen.

Schöpferkraft ist verbunden mit Deiner Göttlichkeit!
Göttlichkeit ist Seele.

Du bist Seele.

Erkenne, lieber Mensch, dass Dir alles gegeben ist, was Du zu Deiner Seelenentwicklung benötigst. Erlaube Dir, Seele zu sein und den Weg Deiner inneren Berufung zu folgen, und alles ist da, was Du für Dein Leben benötigst.

Du bekommst alle Deine Herzenswünsche und Sehnsüchte mit Leichtigkeit erfüllt.
Du wirst es merken und immer mehr darüber lachen, wie einfältig die Illusionen Eures Verstandes programmiert sind.

Alles ist DA – Du bist da, und es ist wundervoll!
Danke, ihr Königinnen und Könige Eures Lebens.

Friede sei mit EUCH.

In Liebe und Dankbarkeit,
El Morya und die Engel des Lichts

Brief 8: Über das wirtschaftliche Machtstreben

So sei gegrüßt!
Ich danke Dir, dass Du hier bist.

Ich grüße Dich, Aoman, und Euch, Ihr lieben Wesen des Lichts.

So viele Menschen gehen oder wählen den Weg der Illusion – WARUM?

Ich sage es Dir, liebes Menschenkind, weil die Menschen alle so sehr mit dieser manipulativen Gesellschaft verwoben sind. Sie können nicht anders. Und JA, würde den Menschen eine andere Möglichkeit gezeigt werden, würden sie sehen, was sie tun.

Was zeigt Euch Euer momentanes System: Abhängigkeit mit anderen Systemen.

Welche Systeme meinst Du, Engel des Lichts?

Es sind Machtsysteme und Manipulationsstrategien dieser Zeit – in dem Land, in dem Ihr wohnt.

Wer das finanzielle Druckmittel hat, hat Macht. Es dreht sich alles um die Wirtschaft – Eure Politik arbeitet mit der Wirtschaft eng zusammen, und gemeint ist hier die ganz große Wirtschaftslobby.

Sie stehen in Abhängigkeit und machen so den einzelnen Menschen auf verschiedene Art und Weise abhängig. Natürlich passiert vieles unbewusst aufgrund von Werbestrategien oder Verteilungen an das Kollektiv.

Jeder öffentlich zugängliche Raum ist mittlerweile mit Machtstrategien ausgestattet. Ob Du nun an einer Bushaltestelle stehst oder Dich im Theater, beim Zahnarzt, im Schwimmbad, auf einem Wanderweg befindest. Überall findest Du wirksame Werbemechanismen.

Es geht sogar so weit, dass verschiedene öffentliche wie private Unternehmen von großen wirtschaftlichen Konzernen gesponsert und ausgestattet werden.

Der Mensch als Einzelperson wird sich nichts weiter dabei denken, wenn er umgeben ist von diesen Strategien. Er steht mitten in diesem Übel und ist abhängiger Nutznießer dieses Konsumverhaltens.

Doch der Einzelne könnte sich doch anders – für einen anderen Weg entscheiden?

Das könnte er tun, und Ja – dorthin führt der Weg.
Der Mensch wird aufgerufen, sich bewusster mit sich und seiner Umwelt zu beschäftigen sowie die Wahrheit zu erkennen und selbstverständlich in Liebe zu handeln.

Wie soll die Menschheit diesen Bewusstseinssprung in die LICHTzeit schaffen?

Durch die BEWUSSTSEINS-Werdung des Einzelnen!
Die Schwingungsanhebung verursacht eine wesentliche und gigantische Veränderung Eurer Zellen. Und diese Transformationskraft aus dem Inneren heraus erlaubt den Lichtsprung der Menschheit, gemeinsam mit allen Lebensformen auf Mutter Erde.

Ist diese Bewusstseinswerdung über ein globales Energienetz gesteuert?

Es ist wahrlich so, dass über ein globales Energienetz des Lichts Informationen auf Mutter Erde und alle ihre Bewohner einfließen.

Eure Seelenenergie wird kontinuierlich mit Informationen des Lichts genährt, vorstellbar wie ein Programm in Euch, das sich selbst aktualisiert. Und je mehr Menschen sich bewusst mit diesem göttlichen Wissen verbinden und sozusagen ihren Erwachungsprozess leben, desto mehr werden von diesem Licht angestrahlt und selbst Licht sein. Das ist doch wunderbar, liebe Seele:

Durch Dein Licht erweckst Du Deinen Nächsten aus dem Schlaf!

Der Prozess Deines lichtvollen Erinnerns wird durch die göttlichen Lichtstrahlen genährt. Die Arbeit und Wirkungsweise dieses göttlichen Lichtnetzes sind wie eine energetische Bewusstseinsstrahlung auf alle Lebensformen zu verstehen. Für die Aufrechterhaltung dieses Lichtnetzes ist eine Gruppe, bestehend aus feinschwingenden Energiewesen und Lichtwächtern, auserwählt worden. Aus der Gruppe dieser Lichtwesen sind Avatare entsandt und begleiten Euch Menschen bei Euren System-Updates. Diese Energieaktivierungen und Updates geschehen einheitlich in Seelengruppen zu einer bestimmten Zeit.

Spüren wir Menschen diese Energieaktivierung bewusst?

Ja – sehr deutlich in Form dieser Bewusstseinswandlung und gleichzeitig Erhöhung. Ihr spürt ruckartige Veränderungen in Eurem Wohlbefinden. Der Körper wird momentan sehr viel Ruhe benötigen, und der Geist braucht viel Schlaf, um die Informationen dieser Energieanhebungen zu verarbeiten.

Dies dauert für gewöhnlich den Zeitraum eines Mondzyklus. Es ist individuell wahrnehmbar und kann – und soll sogar – durch verschiedene Möglichkeiten einer bewussten körperlichen wie geistigen Arbeit liebevoll begleitet werden.

Bei wie vielen Menschen gleichzeitig und auf welchem Kontinent wird dies passieren?

Es sind alle Menschen und Lebewesen, die diese Energieanhebung erfahren. Viele von Euch haben diese Seelen-Updates schon erhalten. Die Anzahl der Menschen einer Gruppe variiert je nach Größe des Umfelds ihres Seelenraums.

Es wird zeitgleich in den Gruppierungen der Seelenfamilie vonstattengehen. Dieses Update wird in den Seelenfamilien einer Gruppe aktiviert und ermöglicht eine ständige Lichtverbindung zur Göttlichkeit, ohne den Manipulationen und Machtenergien weiter ausgeliefert zu sein.

Wie kann man sich die Funktionsweise dieser Updates vorstellen?

Um es in Eurer Sprache zu formen, sind es geistig gesetzte Magnetwellen. Sie sind durchflutet mit Energiesprache, um Euch in Eurem Bewusstsein zu fördern. Diese Updates funktionieren wie Wellen. Durchsichtige, für das menschliche Auge nicht erkennbare Energiewellen, die in Form von Bestrahlung ausgesandt werden.

Es liegt dann ein sogenanntes Energiebündel in Eurem Seelenbuch – genau an dem Punkt, an dem Ihr Euch auf Seelenebene und gemeinsam mit Eurer Seelenfamilie vorab entschieden habt, diese Bestrahlung, dieses Update, zu erhalten. Erinnere Dich: Jeder von Euch hat sich in dieser Inkarnation für die Bewusstseinsanhebung in Richtung Liebe entschieden. Die Menschheit ist bereit, den Sprung in die nächste Bewusstseinsdimension zu vollziehen.

Diese Bestrahlung durch das Energienetz über Euer Seelen-Update dauert, wie schon erwähnt, die Länge eines Mondzyklus auf Erden. Die Veränderungen, die dann passieren dürfen, sind göttlich.

Die Zeit ist JETZT!

Von welchen Veränderungen können wir ausgehen?

Es sind Veränderungen, die Dich und Deine Seelengruppe betreffen. Nachdem sich Dein Körper, Dein Geist und Deine Seele gereinigt und neu formatiert haben, wirst Du die Dinge um Dich herum feinstofflicher wahrnehmen. Du kannst viel mehr sehen, fühlen, wahrnehmen und hören. Du wirst klarer und deutlicher sehen, und Dir werden Dinge, Menschen und Situationen auffallen, denen Du vorab keine Aufmerksamkeit geschenkt hast.

Dies ist vorgegeben, und es liegt nun wieder an dem Einzelnen, wie er mit dieser Bewusstseinsanhebung umgeht. Natürlich wird es Menschen geben, die sich geistig noch immer gegen diese Wahrnehmungen wehren, doch auch sie sind geführt und werden irgendwann den Punkt erreichen, an dem ein „NICHT-mehr-Hinsehen“ unmöglich erscheint. Jeder, und ich wiederhole: JEDER wird sich irgendwann in diese Wandlung zur nächsten Stufe der Erkenntnis begeben!

Es ist der Wandel der Erneuerung, der allen Lebensformen bestimmt ist.

Der Wandel ist die einzige Form eines schöpferischen und göttlichen Weiterlebens auf Mutter Erde.

Wie wird sich das auf Wirtschaft und Politik auswirken?

Die Wege der Wandlung dürfen unterschiedlich sein. Es kann gesagt werden, dass auf Erden großflächige Veränderungen vonstattengehen, die eine komplette Umwandlung der bisherigen Machtstrategien bewirken. Wie die einzelnen Schritte aussehen können, kann zu diesem Zeitpunkt nicht gesagt werden, da sonst die Handlungsstrategien des Einzelnen begrenzt würden. Fakt ist, so viel dürfen wir Euch mitteilen, dass es bereits eine Wandlung gibt, die zu einer Öffnung und weltweiten Verzweigung, einer liebevollen und friedvollen Weltpolitik führt. Ja, liebevoll und friedvoll. Das bedeutet, es wird keine Kriege mehr auf der Erde geben. Kriege von Gruppen und Einzelnen. Es wird Frieden angestrebt und ein liebevolles Miteinander. Hungersnöte und Armut werden gänzlich verschwinden, ebenso das Elend und Leid vieler Gruppierungen auf Erden.

Politik und Wirtschaft werden also weicher und menschlicher?

Ja! Vor allem werden sie sich bemühen, Mutter Erde dienlich zu sein. Das bedeutet, dass sie gar nicht mehr anders entscheiden können, als im Einklang mit der Natur zu sein. Die Ausbeutungen der Erd-, Luft- und Wassersubstanzen dürfen ihr Ende nehmen, da jeder Mensch im Angesicht seines wahren Seins das Elend und die Unausgewogenheit um sich herum erblicken wird. Die ausbeutende Macht zerplatzt wie eine Seifenblase der Illusion in der Luft.

Die Menschen dürfen eine Gemeinschaft des friedvollen Miteinanders sein, in der es weder um Macht noch um andere Egovorstellungen geht – sondern um die Entfachung der schöpferischen Gaben der Liebe einer jeden Menschenseele!

Aber wird der Mensch nicht auch im Sinne des ökonomischen Umgangs mit der Natur dazu geneigt sein, sein Machtstreben auszuüben?

Es darf ganz anders sein.
Der Mensch in diesem aufbrechenden Zeitalter des Lichts, das bereits begonnen hat, erkennt seine Würde, Demut und Dankbarkeit im Miteinander von Natur und allen Mitmenschen. Aus diesem Erkennen erstrahlt eine neue Perspektive von Leben.
Diese Sichtweise richtet sich auf die Harmonie, den Frieden und die Liebe zu sich und Mutter Erde. Die Menschheit wird lernen, dankbar und demütig zu sein.

Alles ist mit allem verwoben. Der Einzelne erkennt, dass er in Verbindung mit dem Kollektiv der Menschheit steht und genauso verbunden ist mit Allem-was-ist.

Die Kraft der Liebe wird entfacht

und jeder Einzelne wird dazu aufgerufen sein, sich seinem Herzenspotenzial und seiner Herzensweisheit zu öffnen, um der Schöpfung im göttlichen Ausmaß dienlich zu sein.

Liebe IST!!!

Wunderschöne Botschaften in dieser Zeit der Ungewissheit. Ich danke Euch, Ihr Engel des Lichts.

So sei gegrüßt, liebes Menschenkind. Ich sende Dir die Kraft der Liebe, damit Du Deinen Herzensweg gehst.

In Liebe und Dankbarkeit,
Kryon, Vywamus und der Engel des Lichts, Aoman.

Brief 9: Über das Massenbewusstsein im Wandel der Zeit

So grüße ich Dich, liebes Menschenkind.
Ich freue mich auf den Austausch unserer Energien.

Hab Vertrauen in das, was Du tust – immer!
Jeder ist geführt von seiner Seele – vom inneren Antrieb des Göttlichen in sich.

Danke, lieber Aoman. Ich grüße Dich von ganzem Herzen.

In mir taucht immer wieder eine gewisse Sinnfrage auf. Vor allem, wenn ich mitbekomme, wie es politisch, wirtschaftlich und ökonomisch auf unserem Planeten zugeht. Wenn ich in die Medien blicke und sehe, was draußen im Weltgeschehen abläuft, wird mir richtig schwindelig.

Nun frage ich Dich, lieber Engel des Lichts: Wie soll die Menschheit diesen Bewusstseinssprung schaffen? Wie?

(Anm.: Der Engel des Lichts holt sehr tief Luft, und in seiner Ruhe beginnt er, die Botschaft zu verkünden.)
Nun, es ist wohl so, dass der Mensch niemals, zu keiner Zeit, gelernt hat, Ruhe zu bewahren. In der Ruhe liegt die höchste Kraft. In der Energie der Mitte, die Du nur erreichen kannst, wenn Du in Deiner Mitte, in Deiner Ruhe verweilst. Es ist so, dass die Menschheit bewusst und sehr vieles unbewusst in sich aufnehmen wird. Es wird sich alles wandeln – so ist es, und so steht es in Euren Seelenplänen geschrieben. Achtet einfach auf die Zeichen, die Euch fortwährend gegeben werden.

Ich sage Euch:
Alles geschieht zum richtigen Zeitpunkt! Alles trägt dazu bei, die Menschheit auf ihrem Weg ins Lichtbewusstsein zu begleiten. Alles ist gut so, wie es ist.

Erkenne, dass Du bereits Teil dieser Veränderung bist, und nur Du selbst bist der Motor zur Veränderung im großen Stil. Es ist wichtig, innere Ruhe und Gelassenheit zu bewahren und nicht zu versuchen, irgendjemanden oder irgendetwas manipulativ zu beeinflussen. Die Steine rollen bereits und sind nicht mehr zu stoppen.

Der Mensch wird sich von seinen Ego-Illusionen befreien müssen und dann erkennen, wer und was er wirklich darstellt im Vergleich zu dem, was er ist.

Was momentan auf Erden passiert beziehungsweise in der Vergangenheit passiert ist, alle brutalen und ausschöpferischen Machtstrategien und energetischen Verformungen, ist bereits Teil des ganzen Kollektivs. Es ist Teil Deines Denkens und Deiner Denkstrukturen. Du bist es, der in seinem Geist erschafft. Erst wenn Du erkennst, dass Du der Motor für die Veränderung bist, wird das Kollektiv es sein.

Bedeutet das auch, dass alle von Menschenhand gesetzte Demonstrationen destruktiver Natur sind?

Was ist destruktiv, frage ich Dich?
Stell Dir die Frage, wie es sein darf. Wie das Ergebnis in Liebe ist.
Und dann: HANDLE und AGIERE danach!

Jeder entscheidet und erkennt für sich, was im Moment für ihn von Bedeutung ist.
Und wieder sage ich Dir: Befreie Dich von Deinem Egoverstand. Versuche nicht, etwas zu erreichen oder zu sein, was Du sowieso schon bist. Dein Ego versucht ständig, sich einzumischen. Es verurteilt, lässt Dich zappeln und wertet. Es versucht ständig, besser zu sein als Deine Seele.

Auf Deine Frage hin, um es nochmals zu verdeutlichen. Ich sage Dir, und ich sage Euch allen: Vertraut Euren inneren Impulsen. Wenn Du meinst, etwas im Außen an Energie setzen zu dürfen, dann tue dies. Alles und jeder trägt zum Bewusstsein der Masse und somit zum Bewusstsein der Liebe des Planeten bei. Es ist egal, ob Du aktiv oder passiv bist. Achte darauf, dass Du stets in Gedanken der Liebe und im Sinne Deiner Seele bist, indem Du Deinen inneren Impulsen folgst und Dir vertraust!

Wie wird sich das Bewusstsein in Zukunft formen?

Es wird eine Wandlung sein, die bereits vor Milliarden von Jahren begonnen hat. Bereits zu dem Zeitpunkt, als die erste Menschenseele herabgestiegen ist auf diesen Planeten. Es ist die Entscheidung des Kollektivs, dass dieser Planet ein Planet der Liebe ist. Die Menschheit formt seit Milliarden von Jahren bereits die Mühlen der Zeit hin zum Goldenen Zeitalter – so, wie es Euch transportiert wird. Jede Seele, die hier ist, wird den Planeten Erde immer wieder aufsuchen – denn es ist einer Eurer Heimatplaneten, den Ihr Euch ausgesucht habt. Du formst mit Deinen Seelengeschwistern diese wunderschöne Erde in einen Planeten des Lichts und der Liebe.

Das Bewusstsein erinnert sich an seinen Ursprung, an seine wahre Seinsform. Das Bewusstsein der Seele wird erkoren werden. Es ist bereits da – Du brauchst es nur zu sein. Jeder wird erkennen, wer er wirklich ist, im Vergleich zu dem, was er vorgibt, zu sein. So wird jeder mit jedem in Verbindung stehen. Die Kraft der Gedankenübertragung besteht, Du brauchst sie nur aktiv zu nutzen.

Ihr Menschen seid alle verbunden und werdet es immer sein. Jeder mit jedem, und Ihr alle tragt wesentlich dazu bei, das Massenbewusstsein in Richtung Öffnung der Seelenweisheit zu wandeln.

Wir aus der Geistigen Welt sind Eure Begleiter. Wende Dich an uns, wenn Du Fragen hast oder in Sorge bist. Wende Dich an uns – wir sind die Boten des Lichts und immer für Dich da! Vertraue Dir und Deinen Impulsen.

Kann die Menschheit aktiv Impulse setzen, um dem Licht und der Liebe den Weg zu öffnen?

Ja! Jeder kann für sich etwas tun und somit für die Gesamtheit.

Öffne Dich Deiner eigenen Herzenskraft und sei Du selbst in der Mitte Deiner Kraft.

Das ist der erste Schritt.

Über die Verbindung zu Deinem Herzen erfährst Du alle Antworten Deiner Seele und der göttlichen, allumfassenden Weisheit. Deine innere Führung wird Dir erlauben zu erkennen, wer Du bist. Sie wird Dich auf Deinen Seelenweg bringen und Deine Qualitäten und mitgebrachten Fähigkeiten öffnen. Du wirst aufhören, unnötige Energie zu versenden und zu verbrauchen, sondern genau wissen, was zu tun ist. Wer Du BIST! Du wirst zielgenau agieren, ohne nachzudenken oder zu planen. Du wirst in jedem Moment den richtigen Schritt setzen, ohne Vorbereitungen und ohne Nachsorgen. Niemand wird Dich verurteilen – weil Du authentisch bist und das tust, was Deinem

Inneren entspringt. So bist Du in Deiner göttlichen Mitte, in Deinem göttlichen Sein, und das ist Dein göttlicher Kern: zu erkennen, wer Du bist!

Begib Dich auf Deinen Seelenweg und nimm die Hilfen an, die Dir auf Deinem Weg geboten werden. Du bist ein Engel des Lichts so, wie jede Seele auf Erden es ist. Erkenne, wer Du bist!

Wie viele Menschen sind notwendig, um die kritische Masse zu erreichen und das göttliche Bewusstsein in allem zu verankern?

Das ist eine sehr spezifische Frage.
Wir können nur sagen, dass bereits sehr viele Menschen den Zugang zu ihrem Herzen wieder erhalten haben und auch viele diesen Zugang suchen. Wie Du, der Du diese Zeilen gerade liest. Du bist bereits geöffnet, diese Herzensschwingung zu leben.

Deshalb ist es so wichtig, dass Du die Energie lebst und bereit bist, die Energie der Liebe in Deinem Leben zu verankern und genau das tust, was Deinem Herzen entspricht.

Wenn Du das tust, ziehst Du Kreise in Deinem Leben, in denen sich die Menschen und natürlich auch alle Lebewesen auf Mutter Erde werden laben können. Sie laben sich an der Liebe!

Ohne die Liebe ist kein Leben möglich, und mit der Liebe ist alles in göttlicher Präsenz da!

Erkenne Deinen Beitrag auf Mutter Erde und lebe Deine Gaben. Bringe Dein Leuchten und Strahlen hinaus in die Welt. Löse alle Deine Blockaden des Geistes, woher sie auch immer wurzeln, und sei endlich FREI, Deinen Seelenweg zu gehen!

Es gibt kein menschliches Datum, wann das Bewusstsein der Fünften Dimension auf Erden verankert ist. Es gibt auch keine genauen Angaben, wie viele Menschen dafür notwendig sind…

Alles ist offen und gestaltbar durch eine Instanz: die Liebe der einzelnen Seelen!

Deshalb warte nicht, bis alles Liebe und Licht ist, sondern lebe diese Energie bereits JETZT für Dich!
Dann ist es auch!
Es ist so einfach – Du bestimmst Deine Dimension – egal, was das Massenbewusstsein denkt und wie es handelt.

Öffne Dich nicht dem Mangel, sondern konzentriere Dich auf die Liebe und das Licht. Erkenne für Dich, wie Du Dein Leben in Liebe und Dankbarkeit leben kannst.

Das, was Ihr Menschen bereits erfahren habt und Euch immer wieder in Botschaften verkündet wird, ist:

Ihr seid alle Bausteine der Liebe, und es ist in jedem einzelnen Baustein – so auch in Dir – bereits die bedingungslose Liebe verankert. Die Energie der Fünften Dimension ist bereits in Dir, und Deine Seele wartet nur noch darauf, dass sich Dein Geist und Dein Körper sich für diese Schwingung öffnen.

Deshalb dient jeder Bewusstseinsschritt in jeder einzelnen Erfahrung Deinem ganzen Sein! Er dient Dir, um zu erkennen, dass Du Licht bist!

So danken wir Dir und verneigen uns vor Dir und Deinem Mut, hier als Mensch zu sein.

Danke & Namasté
Die Engel des Lichts und Vywamus.

Brief 10: Über die Wege der Seele

Wir grüßen Dich, liebes Menschenkind, und freuen uns auf ein weiteres Gespräch.

Danke, liebe Engel des Lichts, die Freude ist ganz meinerseits.
Liebe Engel des Lichts, wie wissen wir Menschen, dass wir uns auf dem rechten Weg befinden?

Indem Ihr Euch führen lasst.
Indem Ihr bereit seid, Euch selbst zu vertrauen.

Der Weg, den Du gehst, ist immer der richtige! Es kann niemals gesagt werden, dass jemand einen falschen Weg eingeschlagen hat. Auch wenn Du im Nachhinein eventuell meinen könntest: „Diese Erfahrung hätte ich mir sparen können", war es in diesem Moment die für Dich richtige Eingebung, diesen Weg – der Dich wohin auch immer führte – zu wählen.

Erst aus der Bereitschaft heraus, dass Du einen Weg wählst und ihn gehst, ist eine Veränderung Deiner Lebenssituation im Hier und Jetzt möglich. So kann Heilung erfolgen. Indem Du erkennst, was Dir Freude und Glück bereitet, kannst Du Dich mit Leichtigkeit von dem trennen, was Dich belastet.

Wir fahren fort, liebes Menschenkind.
Die Belastungen erkennst Du erst im Tun, denn erst durch das Probieren und Erfahren kannst Du beurteilen, was gut oder weniger brauchbar ist für Deine Entwicklung, Deinen Weg.

Das bedeutet auch, dass es keine Fehler und keine falschen Wege gibt.

Ja, so ist es.
So war es, und so wird es immer sein.

Die Wege, die Du gehst, sind immer Deine Wege, Deine Schritte, und niemand im Außen wird Dir den Weg beschreiben können, den Du zu gehen hast. Du bist selbst in Deiner Verantwortung und zuständig für Deinen Weg. Welches Tempo und welche Route Du einschlägst, bleibt Dir überlassen. Vertraue hier Deiner inneren Führung. Jeder Weg zeigt Dir Deine momentane Lebenssituation. Was auch immer Dich auf Deinem Weg begleitet und Dir begegnet, ist niemals ein falscher Eindruck oder eine falsche Entscheidung, sondern immer göttlich geführt. Sprich: aus Deinem Innersten heraus Erfahrungen und Erkenntnisse zu erlangen, um der Mensch zu sein, der Du bist. Dein Innerstes erkennt die Zeichen am Rand des Weges!

Das Wort „Falsch" entspringt eurem Egoverstand. Ein Falsch gibt es im natürlichen Sinn nicht. Es sind alles Erkenntnisse und Erfahrungen, nach denen Du Dein weiteres Vorgehen bestimmen kannst. Sei einfach dankbar für Deine Erkenntnisse und Erfahrungen.

Demut und Dankbarkeit sind also die Kernessenzen der Weisheit aller Dinge?

So ist es.
So war es, und so wird es immer sein.

Übe Dich darin, dankbar und demütig zu sein. Durch die Bereitschaft, diese beiden Eigenschaften in Dir zu integrieren, wächst in Dir Zufriedenheit. Der Friede in Dir!

Nimm Dein Leben so an, wie es gerade ist.

Und zu Deinem Leben gehörst auch Du selbst! Nimm Dich, Dein Leben und alles an, was Dir im Außen begegnet. Spüre die Verbundenheit zu Allem-was-ist.

Erkenne den Reichtum der Erfahrungen, die Dich als Mensch begleiten.

Sei dankbar Deinen Vorfahren – Deinen Eltern.
Sei dankbar Deinen Vorleben – Deinem jetzigen Leben.
Sei dankbar Deinen Seelenpartnern – Jetzt und allezeit.
Sei dankbar Deiner Seelenfamilie – Jetzt und allezeit.
Sei dankbar für jeden Atemzug und den Reichtum der Schöpfung.

Und…

Sei Dir selbst dankbar für Dich und Dein Leben, indem Du Dich wertschätzt und liebst – so, wie Du bist!

Wie erklärt Ihr dies einem Menschen, der schwer krank ist, gerade seinen Job verloren oder der gerade ein anderes schweres Schicksal ereilt hat?

Wir erklären NICHTS! Wir zeigen Dir den Weg zu Deinem inneren Frieden!
Erst durch diese Erfahrungen wird der Mensch seinen inneren Frieden finden. Jeder hat einen Seelenplan, eine Seelenaufgabe, auf Erden mitgebracht, die es gilt zu erfüllen.

Und…
Hinter jeder Herausforderung Deines Lebens wartet ein Geschenk auf Dich! Das Geschenk Deiner Seelenkraft!

Wir aus dem geistigen Kollektiv begleiten und führen Euch und sind immer an Eurer Seite. Und der Mensch aus seinem Ego heraus bestimmt selbst, wie oft und wie lange er bestimmte Erfahrungen benötigt, um FREI zu sein.

Es liegt also an jedem selbst, wann er geheilt ist?

So ist es.
So war es, und so wird es immer sein.

Jeder für sich bestimmt den Verlauf seines Weges. Finde einfach den Weg zu Deiner inneren Führung – zu Deiner Seele –, und Dein Leiden hat ein definitives ENDE!

Klare Worte, eine klare Botschaft – DANKE!

Ja, und halte Ausschau nach den Zeichen, die Dir gegeben werden. Übe Dich darin, Dich mit Deiner göttlichen Führung vertraut zu machen. Es ist alles da, was Du benötigst! Alles in Liebe!

Wir wissen, dass Du dieses hier liest, und wir wissen, wer Du bist.
Danke, lieber Mensch.
In tiefer Liebe begleiten wir Dich und zeigen Dir das Licht.

Liebe Dich, das ist das größte Geschenk auf Mutter Erde und im gesamten Universum.

Danke,
El Morya und Aoman.

Brief 11: Über das Leben

Sei gegrüßt, lieber Engel des Lichts.

Ich grüße Dich, Menschenkind und Seele des klaren Lichts.

Du möchtest wissen, wie Du innerliches Glück und Zufriedenheit herstellst – abseits vom Außen, das Dich begleitet?
Ich gebe Dir gerne Antwort in der Art und Weise, wie Du mich gerufen hast.

Glück und Zufriedenheit entstammen der Urquelle – der Mitte der Schöpfung. Die Demut vor sich und der Schöpfung trägt maßgeblich zur inneren Zufriedenheit bei.

Erkläre mir bitte den Begriff Zufriedenheit und Glück aus geistiger Ebene?

Da muss ich ein wenig schmunzeln...
Die Erklärung hierzu ist ein wenig irreführend für den, der eine spirituell hochgreifende Antwort erwartet. Denn diese Eigenschaften sind da, sie sind Teil Deiner Quelle – Deines Ursprungs, und in Wahrheit nichts anderes als Liebe.

Ja, Liebe!
So einfach – es ist Deine Liebe, die durch Dich strömt, Du brauchst sie nur zu erkennen.

Warum sind wir Menschen stets unzufrieden?

Weil Ihr Eure Maßstäbe zu hoch anlegt – sie liegen so hoch, dass Ihr Euer eigenes Licht nicht mehr sehen könnt. Zu schwierig erscheinen der Weg und die Anforderungen der Seele.

Die Unzufriedenheit kommt vom Außen – das Dich in Deinem Innersten zweifeln lässt. Du bist so, wie Du bist, vollkommen, das Außen spiegelt Dir jedoch eine andere Botschaft.

Mach die Augen auf und blicke Dich um. Was ist es, das Euch in Eurer Welt gezeigt und gelehrt wird? Die Manipulationen Eurer Seele – das ist es, was Euch alle begleitet und führt. Achte auf die vielen Informationen und Impulse, die im Laufe eines Tages in Dich einfließen. Ob es gesteuerte Werbeinformationen sind, Fernsehshows und Radiosendungen, gesellschaftliches Kulturgut oder die Manipulationen der verschiedensten Religionen und Glaubensrichtungen. Deshalb ist es von enor-mer Bedeutung, Dich bewusst in Deiner Mitte zu zentrieren, damit Du Du selbst bleibst und die Qualität Deiner göttlichen Verbindung leben kannst.

Die Unzufriedenheit geht auch mit einem Mangel an Dankbarkeit einher. Dabei ist es so wichtig, die Dankbarkeit zu fühlen, Dir selbst dankbar zu sein, der Schöpfung dankbar zu sein. Wir werden dies immer wieder wiederholen.

Was kann ich tun, wenn ich diese unzulänglichen Gefühle spüre?

Erlaube Deiner Seele, wieder die Führung zu übernehmen – so einfach ist es. Ich schmunzle, weil ich Deinen Ausdruck des Verstandes nun spüre. Er sagt Dir nämlich: Ja, und wie soll das gehen?

So, wie Du es für Dich als richtig empfindest.

Was auch immer Du tun kannst, ist in diesem Moment richtig. Auch Destruktivität führt Dich ans Ziel. Es dauert zeitlich zwar etwas länger, führt Dich jedoch auch an Dein Ziel. Das Ziel der bedingungslosen Liebe zu Dir selbst.

Befreie Dich von Deiner Qual, die Dich wie eine Spirale weiter in Deinen inneren Gedankenstrudel fallenlässt. Gib stattdessen Deine Gedanken frei und akzeptiere Dich so, wie Du gerade bist. Mit all Deinen Qualitäten, die Du auf Erden mitgebracht hast. Sei die/der, die/der Du bist!

Warum ist Dankbarkeit von solcher Bedeutung?

Die Dankbarkeit öffnet Dir ein Tor,
ein Tor zu Dir selbst.

Es ist die Öffnung zu Deiner Ursprungsseele. Danke zu sagen, zu hören und zu fühlen eröffnet Dir eine Schwingungsfrequenz ungeahnter Dimensionen.

Das Wort Danke ist in Deinem Energiekörper gespeichert, so, wie das Wort Amen in allen Sprachen Eurer Welt. Es schwingt mit Deiner Seele in einer harmonischen Balance und fördert so Deine innere Heilung und Dein inneres Bewusstsein zu Dir und Deiner Seele. Ein bewusster Mensch muss nicht mehr Danke sagen – er ist die Quelle der Dankbarkeit. Und aus allen Zellen seines Körpers schwingt diese Dankbarkeit nach außen. Danke ist gleichzusetzen mit dem Wort Amen. Amen schwingt mit Dir als Energiefeld der Demut und Barmherzigkeit. Amen kannst Du als Wort auf eine Bestätigung sagen, auch anstelle von Danke. Es wurde in der Bibel des Öfteren verwendet, um die Schwingungsfrequenz der hier geschrieben Worte zu besiegeln. Es besiegelt also das gesprochene und gedachte Wort. Amen.

Sag es Dir, wann immer Du den Impuls dazu fühlst.

Wir aus der Geistigen Welt danken Dir und sind voller Demut und Liebe mit Dir.
So ist es. Amen.

Der Engel des Lichts, Aoman.
Ich bin, der ich bin. Christusbewusstsein.

Brief 12: Über das Glück

Seid gegrüßt, Ihr lieben Engel des Lichts.
Ich freue mich, Euch wieder zu begrüßen und zu spüren.

Wir danken Dir und begrüßen Dich.
Wir grüßen Dich, lieber Mensch, der Du diese Worte nun liest.

Heute möchte ich gerne mit Euch über das Glück kommunizieren.
Liebe Engel des Lichts, was ist Glück?

Liebes Menschenkind, was glaubst Du, was Glück ist?

Jeder wird auf seine Art und Weise das Glück für sich bestimmen. Glück, lieber Mensch, ist aber viel, viel mehr als Gesundheit, Reichtum, Liebe oder Freude. Glück strahlt aus Deinem Inneren. Das Glück wird oft missverstanden und mit einem Zufallsprinzip verwechselt – aber das ist es nicht. Glück zu haben ist in keinem Seelenvertrag verankert und auch kein großer Segen Gottes!

Das Glück bestimmst Du als Mensch – in der Zeit, in der Du lebst.

Niemand hat mehr Glück, nur weil er in der Vergangenheit bestimmte Situationen positiv gemeistert oder sein Karma gut gelöst hat. Glück hat auch nicht der Gewinner eines Gewinnspiels. Kein Mensch, der im Außen nach Bestätigung des Glücks sucht, wird es finden. Glück zu haben ist eine Lebensphilosophie.

Die Lebensphilosophie, die besagt, dass alles, was in Dein Leben tritt, eine glückliche Fügung Deines Lebens ist.

Etwa nach dem Motto: Das Glas ist halbvoll…?

Wir kennen diesen Spruch *(Anm.: Ich spüre Lachen)*. Dies bezeichnen wir gerne als notgedrungene positive Lebenseinstellung *(wieder ein Lachen)*.

Nochmals in klaren Worten:

Glück ist niemals im Außen zu finden oder über eine körperliche Form.

Die Eigenschaft des Glücks ist tief verwurzelt mit Deinem Seelenkern.

Das Glück ist stets in Dir verankert und schwankt auch nicht hin und her. Glück ist eine Form Deiner Lebensweise, die Deinem Innersten entspringt. Du kannst noch so sehr darum ankämpfen, glücklich zu sein, und es wird Dir nicht gelingen. Glück ist eine „Eins zu eins"-Darstellung mit Deiner inneren Wirklichkeit.

So lange Du im Kampf mit Dir bist, wird sich Dein Leben danach ausrichten.

Ein Beispiel: Es gibt sehr viele Menschen, die scheinbar von Glück umgeben sind. Ich, Abundantia, die Quelle des Glücks und Aufgestiegene Meisterin, werde oft gerufen, um den Menschen in bestimmten Situationen beizustehen. Ja, ich bin gerne für die Menschen da, dennoch muss ich leider feststellen, dass die meisten es mit dem Glück nicht sonderlich ernst nehmen. Auf der einen Seite möchten sie Glück, auf der anderen Seite treten sie es mit Füßen … Es stimmt mich traurig, dies mit ansehen zu müssen. Doch, so sagt der Hohe Rat: Dies ist die Entscheidung jedes Einzelnen. Also sehe ich zu, wie auf der einen Seite Glück auf hoher geistiger Ebene produziert und auf der anderen Seite mit einem Paukenschlag vertrieben wird.

Liebe Abundantia, bitte stelle Dich kurz vor und erzähle uns von Deiner Aufgabe im Kosmischen Rat.

Ja, sehr gerne mache ich das.
Ich bin sehr glücklich, meine Botschaften zu verkünden *(Anm.: lacht versonnen)*.

Abundantia trägt ein langes schillerndes Kleid, und in einer Hand hält sie ein Füllhorn als Symbol des unerschöpflichen Reichtums. Sie hat langes und leicht hochgestecktes Haar. Ihre Energiefarbe ist Blau und glitzert in einer Art Perlmutt-silber. Sehr viel Weichheit und Verspieltheit umgeben ihre schillernde Aura.

So verkünde ich Euch:

Haltet nicht fest an den Vorstellungen von Glück, die sehr oft mit Äußerlichkeiten verbunden sind.
Ich möchte Euch kurz sagen, dass Ihr alles an Glück ausschöpfen könnt, sofern Ihr mit Eurem Inneren in Harmonie mit dem Glück schwingt.
Glück ist sehr einfach – es benötigt schlicht die Resonanz mit Eurem inneren Sein.
Je mehr Deine Gesamtheit in und mit der Harmonie des Glücks schwingt, desto mehr Glück wirst Du in Deinem Leben erfahren.
Ich als Abundantia unterstütze und begleite jeden Menschen gerne zu seinem Glück.
Doch sei nicht traurig, wenn sich Deine Wünsche nicht sofort erfüllen.
Manche glücklichen Fügungen dauern etwas länger als andere.
Gebt den Dingen ihre Zeit, damit sie sich entwickeln und reifen können.
Und Achtung: Hab immer Vertrauen, dass sich Deine Wünsche vom Glück auch erfüllen!

Erst mit Deiner inneren Bereitschaft, sie als Teil Deines Lebens zu betrachten, materialisieren sich Deine Ausformungen des Glücks. Je mehr Du versuchst, das Glück festzuhalten und es zu dirigieren, desto schneller zerplatzen die Seifenblasen des Glücks.

Liebe Abundantia, wie können wir Menschen am besten vorgehen, damit Glück unser treuer Wegbegleiter wird?

Lieber Mensch, sei in Deinem Vertrauen, dass Du Glück verdient hast, und zwar auf allen Ebenen Deines Seins!

Sei es Dir wert, Prinz oder Prinzessin zu sein!
Du bist wahrhaftig königlich, also behandle Dich auch so – sowie Deine Mitmenschen und Deine Umwelt. Denn den wahren König zeichnet sein Handeln aus. Je mehr Du liebevoll mit Dir und Deiner Umwelt umgehst, desto stärker öffnet sich für Dich das Füllhorn Deines Glücks.

Also, liebes Menschenkind, Deine Aufgabe ist es, als Seele in Verbindung mit Deinem Herzen zu sein. Achte auf Deine Gedanken, denn sie werden Worte, und achte auf Deine Worte, denn sie manifestieren Dein Tun.

Übe Dich darin, Deinen Egoverstand zu bremsen, und versuche nicht, etwas zu sein, was Du nicht bist.
Dasselbe ist mit Deinen Wünschen. Versuche nicht, die Wünsche Deines Mitmenschen auf Dich zu übertragen. Erinnere Dich an Deine Glücksgefühle, und zwar fernab von künstlich erzeugten Gefühlen des Glücks (zum Beispiel durch Schokolade, Konsumverhalten, Freizeitgestaltung usw.).

Ertappe Dich in Deinen Selbstgesprächen und in Deinen Gedanken. Was leitet Dich an, und wie ehrlich und liebevoll gehst Du im Stillen mit Dir um?

Ja, das ist der wahre Schlüssel zum Glück.
Erkenne Dich und Deine Gedankenstrukturen – entlarve sie, um sie schließlich in die Richtung zu verändern, die Dir die wahrhaftige Glückseligkeit auf allen Ebenen eröffnen wird.

Es gelingt Dir!
Wir aus dem geistigen Kollektiv wissen das, und wir vertrauen Dir. Wir lieben Dich unermesslich – wann beginnst Du, Dich so zu lieben und Dir so zu vertrauen, wie wir es tun?

Keine Frage – sondern eine bekräftigende Aussage für Dein Herz.
Vielen lieben Dank.
In tiefer Hochachtung, Abundantia.

Danke, lieber Engel Abundantia.

Ich danke Euch, Ihr lieben Menschenseelen. Jedem Einzelnen.
So seid gegrüßt und umhüllt mit der Energie des Glücks Eures Seelenlichts.
In Liebe, Abundantia und die Engel des Lichts.

13. Brief: Über das Licht und den Schatten

Ich grüße Euch, liebe Engel des Lichts, zu dieser späten Stunde.
Ich lade Euch ein, meine Fragen für die Menschen zu beantworten.

Wir grüßen Dich und freuen uns, dass Du uns erhört hast. Denn wir stehen schon längere Zeit hier und geben Dir Impulse.

So danke ich Euch!

Wir danken Dir!

Was ist Licht – was ist Schatten im Leben des einzelnen Menschen?

Gut, dass Du den Einzelnen benennst – denn für Gruppen ist die Antwort sehr umfangreich. ☺

Das Licht ist immer da! Licht ist das, was ihr von Eurer Sonne gewohnt seid. Die Helligkeit, die Euch umgibt, ist das Licht. Licht ist aber viel breiter zu sehen. Denn Licht ist auch das Strahlen Deiner Aura. Licht ist Dein Tun als erwachter Mensch. Licht bedeutet, im Einklang mit der Schöpfung zu sein und Deinem inneren Kern zu entsprechen. Licht zu sein ist einfacher, als Schatten zu sein. Licht ist existenziell da, es braucht nicht hergestellt zu werden. Licht ist allgegenwärtig und immer da! Auch wenn es Nacht wird, ist Licht da – immer! In der Nacht ist das Licht schwächer zu sehen – dennoch ist es da, es hat schlicht und einfach seinen Strahlungsfokus verlegt.

Das Licht ist es, das die Dunkelheit erkennen lässt.

Der Schatten benötigt das Licht, um existieren zu können. Ohne

Licht – kein Schatten. Der Schatten nährt sich also vom Licht und steht in direkter Abhängigkeit zu dieser Quelle.

Das Licht kann den Schatten verändern, sobald es einen anderen Strahlungswinkel auf ihn wirft. Der Schatten wird dadurch größer oder kleiner. Der Schatten kann jedoch umgekehrt nicht die Intensität des Lichts beeinflussen. Auch wenn der Schatten noch so groß erscheint, trübt er nicht die Intensität des Lichts.

Der Schatten hat auch die Eigenschaften, das Ursprungsbild zu verzerren. Da der Schatten ja nur die Spiegelung eines Objekts – also von Materie – sein kann.

Du als Mensch kennst vielleicht die Schattenbilder, die man mittels Handbewegungen an die Wand projizieren kann. Wie groß plötzlich die Hand als Schatten erscheint… oder auch wie klein.

Der Schatten stellt niemals die ursprüngliche Abbildung dar. Er versucht, als seelenlose Projektion dem Original zu entsprechen und verzerrt dabei die Wahrheit.

Der Schatten ist ein farbloses Energiefeld mit Hang zum Theatralischen.
Das Licht ist so, wie es ist, immer gleichbleibend in seiner Intensität.

Wie wirken Licht und Schatten auf den Menschen ein?

Der Mensch in seiner Dualität verkörpert beide Energien: die des Lichts und die des Schattens.

Das Licht ist ständig im Menschen, für welches Leben er sich auch entschieden hat. Der Schatten ist variabel und steht sinngemäß für die Energie des niedrig schwingenden Egoverhaltens. Das Licht hingegen verkörpert die Energie der Reinheit der Seele und ist immer wie eine ständige Quelle aus Energie vorhanden.

Das Licht benötigt auch keine Aufmerksamkeit, um zu sein. Der Schatten hingegen sehr wohl. Er steht in direkter Abhängigkeit zum Ego des Menschen.

Es ist egal, wie viel Schatten Du produzieren möchtest – es hindert das Licht nicht daran, zu leuchten.

Liebes Menschenkind, es geht um das Erkennen Deines LICHTS in DIR.
Egal, wie viel Schatten da ist, denn es ist schlicht und einfach das Licht, das Dich nährt!

Du wirst genährt vom Licht.

Lass den Schatten einfach das sein, was er ist, und wende Dich dem Licht zu.

Du bist das Licht!
IN DIR STRAHLT DAS LICHT MIT VOLLER KRAFT!

Liebe und akzeptiere Dich so, wie Du bist.
Wir lieben Dich.
Namasté, die Engel des Lichts.
Metatron, Lord Kuthumi, Vywamus und der Engel der Cherubim – Aoman.

Brief 14: Über den Zorn und den Ärger in sich

So grüße ich Euch, Ihr lieben Engel des Lichts, und bitte Euch, mir folgende Fragen, die mich schon länger beschäftigen, mit Eurem Licht zu durchleuchten, um endlich Klarheit zu erlangen.

Warum gibt es so viel Zorn und Aggressivität bei den Menschen?

Wir grüßen Dich, liebes Menschenkind.
Danke für diese Frage, die Euch Menschen so vertraut ist. Die Frage – wie auch ihre Antworten.

Der Zorn, der Ärger, die Aggressivität, wie auch immer ihr Menschen es betiteln möchtet, gründet auf Euren Verstand … schon wieder ☺
Es ist der Verstand, der rebelliert und kämpft – gegen DICH SELBST!
Der Verstand – der Dein Begleiter hier auf Erden ist, ist gekoppelt an alle Emotionen und Schwingungen, die ihn umgeben. Deine Seele sowie Dein Körper sind daran gekoppelt. Dein Verstand reagiert auf alle Einflüsse im Außen – so, wie Körper und Seele. Jeder für sich reagiert auf seine Art und Weise.

Es hängt auch vom Bewusstseinsgrad des jeweiligen Tages ab, wie Du auf Schwingungen verschiedener Ebenen reagierst.

Was sind dies für Schwingungen und Energien?

Jene, die Euch ständig umgeben. Ihr als Menschen seid über Eure Seele mit allem und Jedem verbunden. Mit der Freude und Liebe ebenso wie mit Traurigkeit, Krieg und Leid.

Das bedeutet, jeder von Euch spürt ALLES! JA, alles, was Dich umgibt. Sei froh, dass Du als Mensch gut transformieren und nicht alles im Detail spüren kannst. Du hast Dein eigenes Energiefeld, deshalb können sich diese Schwingungen nicht eins zu eins in Dir integrieren. Du nimmst die Energie der Erde und der Menschheit auf und transformierst sie für Dich. Restbestände, die in Dir noch verankert sind, werden aufgegriffen und an die Oberfläche transportiert. Dies sind dann die euch vertrauten Gefühlsregungen des Negativen. Es können neben aggressivem und zornigem Verhalten auch Ängste, Sorgen und Zweifel auf Verstandesebene sein, die Dir gezeigt werden.

Sind es stets die eigenen Emotionen, die hochkommen?

Zum Teil JA!
Zum Teil verarbeitest Du damit Deine Vergangenheit.
Zum anderen Teil verarbeitest Du das Gesamtkarma der Erde und der Menschheit.

Wie reagieren Seele und Körper auf diese genannten Schwingungen?

Wie die Seele reagiert, ist einfach zu erklären. Sie ist in sich, und sie ruht in sich. Sende die Energie der Liebe und des damit verbundenen Friedens aus. Die Seele transformiert sie und verbindet Dich mit dem göttlichen Strahl der Liebe.

Je bewusster Du bist, desto eher wirst Du die Stimme Deiner Seele wahrnehmen und über die Verbindung zu Deiner Seele jeglichen Vergangenheitsmüll bereinigen können. Mit der Kraft der Liebe erhebst Du Dich aus jeglichen Gefühlen des Destruktiven und reinigst somit Dein Energiefeld und das von Mutter Erde.

Der Körper reagiert sehr individuell, je nach Befindlichkeiten des einzelnen Menschen. So können Stresssymptome wie Kopfschmerzen, Bauchschmerzen, Durchfall, Zittern, Herzrasen usw. auftreten.
Jeder für sich kennt seine körperlichen Schwachstellen, die in Wahrheit nur Energieveränderungen aufzeigen. Die Ausprägungen von Dauer und Intensität sind sehr unterschiedlich. Es darf jedoch gesagt werden, dass jeder auf seine Art und Weise die Energie wahrnimmt und sie körperlich verarbeitet. Eine Frage der Aufmerksamkeit!

Warum ist es dann so, dass ich als Mensch nicht ständig die Energie des Destruktiven spüre?

Dieser Frage geht etwas Wichtiges voran: Du transformierst STÄNDIG!
Du bist als Mensch – und ebenso die Pflanzen und Tiere – ständig konfrontiert mit der Energie von Mutter Erde und somit im regen Austausch mit Allem-was-ist und dem, was noch als Restenergie der Vergangenheit vorhanden ist.

Sei froh, dass bereits vieles über Deine Seele transformiert wird und Du nicht die ganze Wucht auf Verstandes- und körperlicher Ebene abbekommst. Dem würde Dein Körper nicht standhalten. Es sind schlicht Restenergien, die Du bewusst spüren kannst. Du transformierst ständig, egal, wo Du bist.

Ein wichtiger Aspekt für Euch Menschen ist es zu wissen, dass sich sehr viele Seelen bereit erklären, große Mengen an destruktiver Energie von Mutter Erde zu wandeln. Sie mitzunehmen und diese in Liebe über den Tod hinaus zu transformieren.

Es sind viele Seelen, die sich zur Verfügung stellen, um zum Beispiel bei großen und kleinen Natur- und anderen Katastrophen ihr Leben für die Heilung von Mutter Erde zu geben. Durch die Bereitschaft auf Seelenebene und über den physischen Tod nehmen diese Menschenseelen körperlich eine große Menge an destruktiver Energie in sich auf, die dann über die Schwelle des Todes in Liebe und Licht transformiert wird. Deshalb sind diese Katastrophen auf Seelenebene stets geplant und vorausbestimmt. Wie auch immer die jeweilige Transformation vonstattengehen wird – sprich, das jeweilige physische Ereignis wird individuell nach der Lebensform des jeweiligen Menschen gestaltet.

Deswegen ist jeder Seelenweg gut und richtig.

Hört auf, aus menschlicher Sicht zu urteilen und zu beurteilen, was GUT oder FALSCH ist. Niemand kennt den Seelenauftrag des anderen – nur jeder für sich weiß um seinen Auftrag.

Es ist die Aufgabe des Höheren Selbst, der Seele, den Zugang zu innerem Wissen zu erlangen. Alles, was Du dazu benötigst, ist Vertrauen in Dich und Deine Führung.

Liebes Menschenkind, wann immer Du in negativen Gedanken bist, bitte um Transformation dieser Energie für Dich. Damit wandelst Du für Dich und die gesamte Erde diese destruktive Energie in Liebe und lichtvolle Energie.

Sei stets wachsam, wenn Du Schwankungen in Deinen Emotionen erlebst.
Gehe sofort in die Liebe zu Dir und verbinde Dich mit Deinem göttlichen Seelenstrahl.

Du bist geführt und behütet. Alles hat seine Ordnung – folge den Zeichen, die Dir gegeben sind.

Danke, die Engel des Lichts.

Brief 15: Über die Spiegelung von Emotionen

Danke für die Klarheit und Transparenz bei der Übermittlung der Themen. So grüße ich Euch, liebe Engel des Lichts, und bitte Euch, mir auf meine Fragen zu antworten.

Sei gegrüßt, liebes Menschenkind.
Gerne beantworten wir Deine Fragen des Kollektivs der Menschheit.

Danke, Ihr lieben Wesen des Lichts.
Wie kann es sein, dass wir uns von Menschen oder Situationen aus der Bahn werfen lassen? Sprich: Warum werden Reaktionen auf negative Emotionen wie Wut, Zorn, Aggression, Trauer hervorgerufen?

Eine lange Formulierung für eine kurze Frage: Warum spiegelt Dich das Außen?

Situationen oder Menschen, die Dich aus Deiner Mitte bringen, sind stets ein Hinweis auf Deinen eigenen Seinszustand. Sie zeigen Dir, wo Du gerade stehst und wie sehr Du im Einklang mit Dir bist. Jeder Mensch, der Dich emotional fordert, repräsentiert Dein inneres Seelenmuster. Erkenne, dass der Schlüssel für die Bereinigung Deines Unfriedens in Dir ist. Du allein bist verantwortlich für das Leben so, wie es Dir präsentiert wird. Alle Emotionen, die Du in Dir trägst, werden Dir im Außen gespiegelt. Denke einmal darüber nach: Bist Du fröhlich und glücklich, zum Beispiel gerade frisch verliebt, wird Dir Dein Leben mit allen Begegnungen auch frei und froh erscheinen. Bist Du jedoch traurig, wütend oder missmutig, werden Dir diese Emotionen im Außen bestätigt. Ein Sprichwort, das da lautet: „Wie Du in den Wald rufst, so schallt es zurück!“, ist wohl sehr treffend in diesem Zusammenhang.

Alles, was mir im Außen begegnet, ist also ein Bild meines eigenen Bewusstseins?

Ja! Wenn Du im Frieden bist mit allem und jedem, bist Du es auch mit Dir.

So lange Dich Dinge oder Menschen im Außen emotional fordern oder reizen, bist Du auch im Unfrieden mit Dir.
Alles, was Du sehen und erkennen kannst, ist in Wahrheit das innere WAHRnehmen Deiner Gedankenstruktur. Du selbst bist es, der erkennt und sieht, was Du WAHRnehmen möchtest.

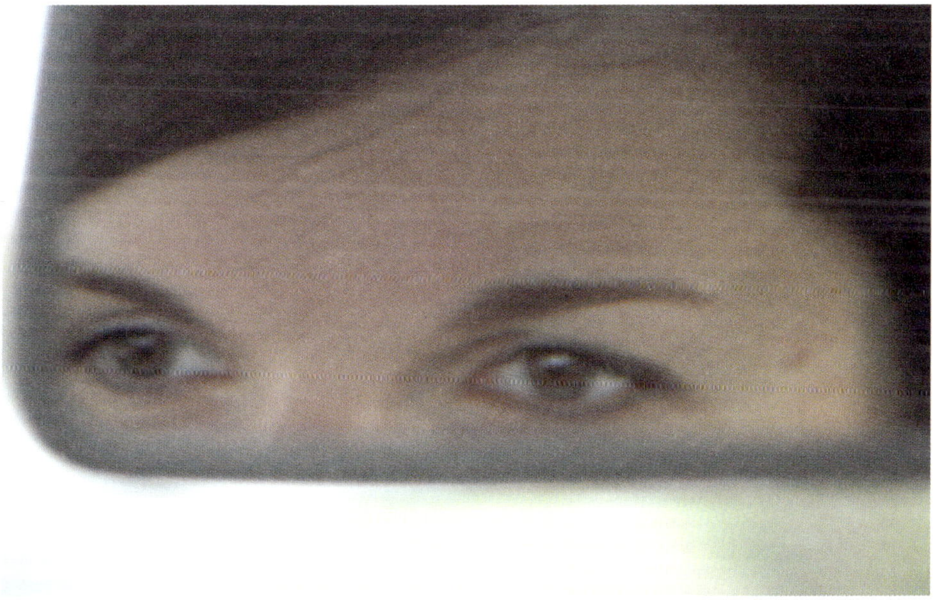

Wir können Dir nur Folgendes sagen: Übe Dich darin, in Deiner Mitte – in Deinem inneren Frieden zu sein, indem Du lernst, Dich so zu akzeptieren und zu lieben, wie Du bist. Durch diese Bejahung Deines Selbst wirst Du alles und jeden in diesem Frieden und dieser Harmonie begegnen können.

Wie kann dies gelingen?

Dafür gibt es kein allgemein gültiges Rezept. Einfach ausgedrückt ist es schlicht die Kunst, ja zu sagen. Ja zu Dir und Deinem Leben. Gib Dich Deinem Leben mit all den Feinheiten, die es beinhaltet, hin!

Das ist der Schlüssel zu Deinem inneren Frieden.

Verzeihe Dir und sei im Einklang mit Dir und allem, was Dir auf Deinem Lebensweg begegnet ist und noch begegnen wird. Schließe Frieden mit Deiner Vergangenheit, Deinem Jetzt und Deiner Zukunft. Egal, wer Du warst, bist oder sein wirst. Akzeptiere Dich! Und akzeptiere jede einzelne Sequenz, ob freud- oder leidvoll, die Dich zu dem Menschen gemacht hat, der Du heute bist. Dies ist die hohe Kunst des Friedens in und mit Dir. Erreiche und erkenne diese Hingabe in Dir und befreie dich so von selbsterstellten Komödien Deines Lebens.

Ist es nicht so, dass der Mensch dazu neigt, andere für seine Lebenssituation verantwortlich zu machen?

Ja, so ist es.
Dies ist eine Programmierung Eurer Gehirnzellen mit Eurem persönlichen Einverständnis.
Ihr Menschen neigt dazu, das Leben zu verurteilen, und erkennt dabei nicht, dass ihr in Wahrheit Euch selbst verurteilt.

Wir sagen Dir: Niemand im Außen ist schuld an Deinem Leben! Niemand in der Vergangenheit, im Jetzt und in der Zukunft. Du bist es! Du bist der Schöpfer Deines Lebens und trägst zu hundert Prozent die volle Verantwortung dafür. Du bist es, der das Einverständnis dazu gibt, verletzt zu werden und zu verletzen, auf welche Art und Weise auch immer. Du suchst Dir die Mitspieler Deines Lebens aus – ob bewusst oder unbewusst, ist eine andere Frage, jedoch bist immer Du es, der über die Mitspieler und Begegnungen Deines Lebens entscheidet.

Wie kann ich als Mensch aus dem Kreislauf immer wiederkehrender Muster aussteigen?

Schön, wenn Du es als Muster erkennst.
Denn es sind in Wahrheit nur Muster Deines Verstandes, der immer wieder gewisse Situationen oder Menschen in Dein Leben zieht, und zwar so lange, bis Du erkennst.

Was gilt es zu erkennen?

Erkenne, dass Du allein die Verantwortung trägst und Dein Einverständnis für die Abläufe in Deinem Leben gegeben hast.

Wozu die immer wiederkehrenden Muster, wenn ich doch bereit bin, den nächsten Schritt zu tun?

Weil anscheinend noch nicht alles in Deinem Inneren bereinigt ist.
Entweder auf bewusster oder unbewusster Ebene.

Es begegnen Dir immer wieder bestimmte Themen im Leben, bis Du innerlich frei bist. Das sind keine Prüfungen, wie Ihr Menschen fälschlicherweise meint. Niemand will Dich prüfen – kein Gott wird so erhaben und egoistisch sein, ein Geschöpf der Liebe zu prüfen oder zu testen.
Du alleine prüfst Dich! So einfach ist es!
Du alleine ziehst die Situationen in Dein Leben, um endlich frei zu sein. Frei von den Qualen Deines Verstandes.

Wann und wie habe ich als Mensch die Möglichkeit, mich von diesen Mustern zu befreien?

Immer dann, wenn Du mit Situationen oder Menschen konfrontiert wirst, die Dich in Deinen Emotionen – wie auch immer – erhitzen und berühren.

Dann ist es Zeit zu handeln und aktiv zu werden.

Wenn ein Muster aufbricht, hast Du die Möglichkeit zu erkennen und etwas zu verändern. Und Veränderung geschieht über das aktive Tun in der Situation. Indem Du den Frieden in Dir bewahrst.
Wir geben Dir eine kleine Anleitung:

Als Erstes musst Du erkennen, dass Du verantwortlich bist für alles und jeden, das und der in Dein Leben tritt und in der Vergangenheit getreten ist.

Wenn Du in diesen Stadium bist, wird sich emotional schon einiges in Dir bewegen. Eventuell kommt eine gewisse Freude in Dir auf, denn Du erkennst, dass Du verantwortlich bist für Dein Leben, und JA,: Du bist Deines Glückes Schmied.

Sieh Dir kurz die Situation an, die Dich fordert. Gehe in Dich und erkenne, was es ist, das Dich emotional berührt. Erkenne, dass es eine Eigenschaft in Dir ist, die geheilt werden möchte. Erkenne, dass Du eine Eigenschaft in Dir trägst, die Dich krank macht und sich wie ein Wurm in Dich hineingebohrt hat.

Dann geht alles sehr einfach: Verzeihe Dir für diese Eigenschaft in Dir und nimm die Situation so, wie sie sich Dir gezeigt hat, mit allen Beteiligten, in Dein Herz auf. Sage Dir selbst: „Ich verzeihe MIR und gebe jetzt die Eigenschaft des (Eigenschaft einfügen) frei!" Nimm Dich an so, wie Du bist, indem Du Dankbarkeit zeigst für alles und jeden, das/der Dir in diesem Zusammenhang begegnet ist, und segne sie mit Deiner Liebe.

So einfach ist es.
So einfach war es.
So einfach wird es immer sein.

Was wird dann passieren?

Heilung!
Die Heilung Deines Verstandes und Deines Inneren Kindes – Deines Unterbewusstseins!

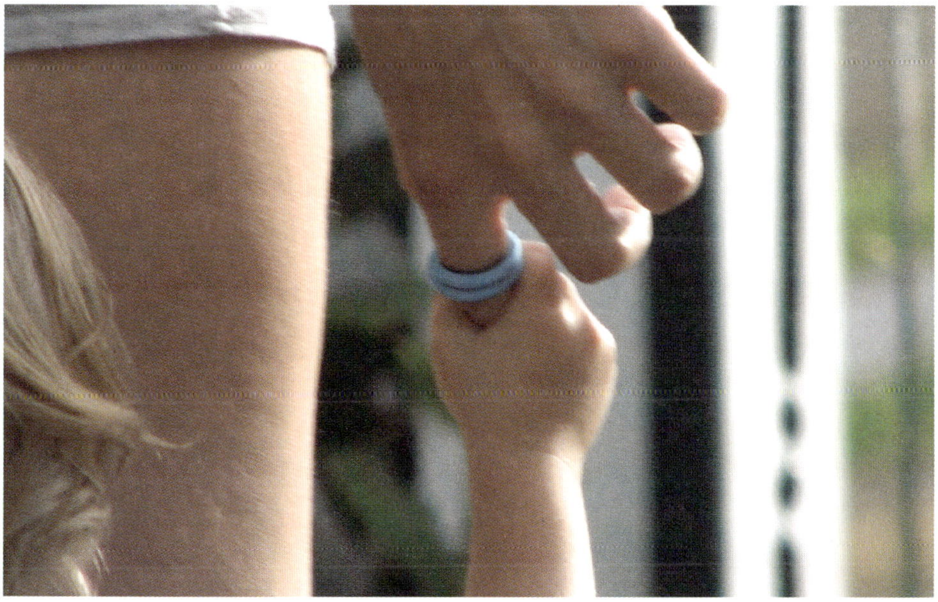

Du wirst diese Muster nicht mehr in Dein Leben ziehen. Du bist befreit von wiederkehrenden belastenden Ereignissen, die Dich bis dahin emotional gefordert haben. Du wirst in Zukunft anders auf ein solches Ereignis reagieren, da Du erkannt hast: Es sind Deine eigenen Gefühle und inneren Denkmuster, die Dich emotional aufregen.

Das Beste an dieser Heilung: Du bist im Frieden mit Deiner Vergangenheit. Du nimmst Dein Leben so an, wie es ist. Du begegnest dem Leben – Deinem Leben – mit einer Einfachheit, die Dich zum Gelingen Deiner Herzenswünsche führt. Indem Du in Deinem Frieden und in Deiner Mitte bist, wirst Du aufhören, einen Kampf mit Deinem Leben zu führen, und damit beginnen, den Menschen und Situationen mit einem Lächeln zu begegnen, das voller Liebe und Freude ist und niemals überheblich und arrogant.

Was ist, wenn jemand das nicht verstehen kann oder will, obwohl er bereits sehr bewusst in seinem Handeln ist?

Der Grad der Bewusstheit ist erkennbar an den Ausnahmezuständen des Lebens und mit deren Umgang.
Bist Du als Mensch in Deinem inneren Frieden, wird Dich NICHTS und NIEMAND aus der Ruhe bringen können. Du wirst es nicht einmal bemerken, denn Du bist mit Deiner inneren Kraft verwurzelt.

Wenn ein Mensch mit einem unbeugsamen Willen noch nicht bereit ist, seinen Kampf aufzugeben – dann soll er kämpfen. So lange, bis Kraft und Energie verbraucht sind. Dann wird er sich besinnen und in das Antlitz Gottes blicken, um zu beten. Er wird in die Stille gehen und sein Schwert, das bereits viel zu schwer geworden ist, fallenlassen. Dieser Mensch wird sich mit seinen Knien abstützen, zu Boden gleiten und irgendwann die Weichheit seiner Seele erreichen und sich aus dieser Stille heraus selbst erhören.

Es ist eine Frage der Zeit. Jeder entscheidet für sich, wie viele Kämpfe er im Leben benötigt. Jeder entscheidet für sich, wann die Zeit reif ist, die Schlacht zu beenden und heimzukehren. Heimzukehren, ohne zu wissen, was kommt. Heimzukehren, ohne zu wissen, wer gewonnen oder verloren hat. Heimzukehren und den Wind auf der

Haut zu spüren und zu wissen: Ich bin am Leben! Wenn Du dort angelangt bist, wirst Du erkennen, wer Du bist.

Die Dankbarkeit und die Demut spüren, die Dich umgeben.

Jeder darf für sich entscheiden, wann er so weit ist, diesen inneren Frieden in sich anzunehmen.

So ist es.
So war es.
So wird es immer sein.

Danke.
Der Friede sei mit und in Dir.
In Liebe, Aoman, ein Cherub – der Engel des Lichts.

Brief 16: Über die Angst des Menschen

Sei gegrüßt! Ich bin Aoman, der Engel des Lichts.

Ich grüße Dich, lieber Engel des Lichts.

Was möchtest Du mir heute verkünden?

Etwas über die Ängste der Menschheit.

Was ist Angst?

Angst ist eine tiefe Verwurzelung in den Seelen der Menschen – ein Produkt des Geistes, des Verstandes.

Die Seele kennt nur eine Emotion, und das ist die Liebe!
Liebe lässt alles um sich herum verblassen. Sie ist die stärkste Kraft im Universum.

Angst versetzt den Menschen in Abwehrhaltung, in Angriffsstellung und in eine Anspannung von Körper und Geist. In Situationen der Angst ist der Mensch unfähig, klar und bewusst zu denken und zu handeln. Er ist gesteuert von nur einem Trieb: Raus aus der Situation, die mir Angst bereitet, und die Flucht ergreifen.

Angst lähmt den Menschen, lässt ihn hilflos werden und führt zu einer Abhängigkeit von Mustern, Menschen und Situationen.
Ein Mensch, der Angst hat, ist nicht mehr er selbst. Er mutiert sozusagen zu einer Gestalt der Dunkelheit. Schatten breiten sich aus und lassen das Licht, das so stark im Herzen leuchtet, verblassen.

Dabei ist Angst auch als durchaus produktiv zu sehen. Angst ermöglicht es Dir, Dich aus den Fesseln Deines Verstandes zu befreien.

Wie kann das konkret aussehen?

Erst wenn Du bereit bist und Dich mit Deinen inneren Werkzeugen gewappnet hast, wirst Du Dich Deiner Angst stellen können.
Du spürst es, wenn Du dazu innerlich bereit bist.

Die Liebe Deines Herzens wird Dich führen.

Stell Dich Deiner inneren Angst und sei bereit, das Wunder der Heilung zu empfangen.
Dieses Wunder kann geschehen, wenn Du in Deinem Inneren bereit dazu bist. Sprich: Wenn du das passende Werkzeug für diesen Schritt in Dir integriert hast und Dich mit Deiner Seele, Deinem Herzen, verbinden kannst.

Und jede Angst ist heilbar?

Ja! Das ist das Wunderbare in Eurem Leben. Alles, was Du Dir ersehnst, ist erfüllbar. Vertraue einfach! Du bist geführt von Deiner Seele, die Dir die Liebe offenbart.

Jede Angst, und ist sie noch so sehr in Deinem Geist verwurzelt, wird früher und später beginnen, sich zu transformieren.

Jede Angst kannst Du Dir wie eine Zwiebel vorstellen. Eine Zwiebelschicht löst sich nach der anderen, bis nur mehr der Kern, der Same, übriggeblieben ist. Der Same, der nun nutzlos geworden ist, denn er hat seine Frucht bereits erblühen lassen und geht nun zurück zu Mutter Erde, zum Ursprung allen Seins. Der Same ist wieder zur Liebe verschmolzen. Die Frucht hat sich in Liebe und Dankbarkeit aufgelöst.

So darf es mit den Ängsten geschehen.

Die Angst ist im ureigentlichen Sinn Liebe. Tiefe göttliche Liebe! Du brauchst nur zu erkennen, dass durch Dich diese Liebe fließt.

Vertraue Deiner göttlichen Weisheit und Deiner Intuition. Sie führen und begleiten Dich auf den Stufen zu Deinem höchsten Bewusstsein.

Danke für diese liebevolle Beschreibung.

Ich frage Dich, lieber Engel des Lichts:
Welche Werkzeuge sind als innere Ausstattung gemeint?

Es sind dies verschiedenste Werkzeuge des Lichts, die Euch Menschen gegeben sind. Um jetzt nur einige zu nennen:

- Möglichkeiten der mentalen Stärkung und Festigung,
- Atemübungen und Meditation,
- Körperübungen auf seelisch-geistigem Niveau,
- Heilsymbole und -mantren,
- Bücher und heilsame Musik,
- Bewusstseinsreisen,
- Farbtherapie

… und vieles mehr, das Dich Deinen erwachten Bewusstseinstand erkennen lässt.

Jeder hat seinen individuellen Zugang und seine Möglichkeiten, die er für sich entfalten kann.

Und so wiederhole ich mich: Lass Dich führen von Deinem inneren Vertrauen, Deinem Mut und der Liebe in und zu Dir.

Übe Dich darin, die Eigenschaften Mut, Vertrauen und Liebe für Dich und in Dir aufkeimen und verwurzeln zu lassen.

Das ist der Schlüssel zur Heilung Deiner Blockaden auf geistiger, seelischer und körperlicher Ebene.

Es klingt so einfach. Danke, lieber Engel des Lichts.

Es **ist** so einfach!
Liebes Menschenkind, wir aus dem geistigen Energiefeld sind immer für Dich da. Wir begleiten und beschützen Dich auf dem Weg Deiner Bewusstwerdung und der Heilung auf allen Ebenen Deines Seins.

In Liebe und Dankbarkeit.
El Morya, Vywamus und der Engel des Lichts, Aoman.
Danke.

Brief 17: Über die Ernährung auf Mutter Erde

Liebe Engel des Lichts – wie soll sich der Mensch der Neuen Zeit ernähren?

Sei gegrüßt, liebe Menschenseele, die Du bist.
Die Frage dabei ist: Welches Ziel verfolgst Du, lieber Mensch?

Verfolgst Du das Ziel, in Massen zu schlemmen und Dich der Völlerei hinzugeben? Oder aber – bist Du auf dem Weg Deines Erwachens und der Suche nach Deiner inneren Harmonie?

Wenn Dein Ziel, und wir kennen Dein inneres Ziel, das zweite ist, halte Dich an folgenden einfachen Plan:
Dieser göttliche Plan besagt:

All jenes zu konsumieren, das die Liebe in sich trägt.

Jetzt muss ich lächeln, denn ich weiß, was Ihr meint. Vielleicht könnt Ihr im Detail diesen Plan erläutern.

Gerne erläutern wir Euch dies näher.

Betrachte alles, was Du konsumierst, als Energie. Alles besteht aus Schwingung und einem Informationsträger. Für das freie Auge nicht sichtbar – jedoch für Deine Sinne vorhanden. Du spürst es, ob Dir das jeweilige Nahrungsmittel gut bekommt, und Du spürst es bereits, bevor Du es konsumierst. Viele der Euch angebotenen Nahrungsmittel tragen Masken. Das bedeutet, dass sie vom Anschein her schmackhaft aussehen, jedoch der wahre Kern ein anderer ist. Entlarve für Dich diese Masken Eurer Zeit und lass Dich von Deiner Intuition führen, welche Nahrungsmittel für Dich in der Kraft der Liebe schwingen.

Der Mensch in seiner Selbstverantwortung wird erkennen, welche Nahrungsmittel förderlich für seine Entwicklung sind und wo sie gekauft werden können. Wir aus dem geistigen Kollektiv lassen diese

Antwort so in dieser Offenheit, damit Du für Dich in Deiner gottgegebenen Freiheit die Möglichkeiten Deiner Selbstverantwortung nutzen kannst.

Das Schöne dabei ist, dass dies von allein geschehen wird. Je bewusster Du als Mensch in dieser Zeit bist, desto mehr werden Deine auferlegten Masken, Deine Rollen, fallen. Du wirst erkennen, was Dich in Deinem Herzen und in Deiner Seele fördert.

Gibt es hierzu einen vorgegeben Ernährungsplan in uns Menschen?

Ja, so ist es!
Es gibt tatsächlich einen göttlichen Plan in jedem Einzelnen.

Es ist ein gottgegebener Plan, der in Deiner Seele verankert ist.
Er ist einfach strukturiert und gut durchdacht.
Er besagt:

Sei Du selbst die Kraft Deines Herzens.
Sei Du selbst die Liebe Deiner Seele.
Sei Du selbst der Anbeginn der Schöpfung.

Sobald Du Dich in Demut und Dankbarkeit achtest und liebst, wirst Du Dein Leben nach diesen Vorsätzen formen.

Du wirst das Licht in der Nahrung erkennen und schnell und wachsam unterscheiden können, was nicht dem Licht entspricht.

Es brauchen Dir als Mensch dieser Neuen Zeit keine Regeln oder Vorschläge gemacht zu werden, denn diese Neue Zeit besagt:

Du bist ERWACHT! Erkenne!

Was könnt Ihr uns über den massiven Fleischkonsum der Menschheit sagen?

Es ist nach wie vor Teil des Menschseins, Tiere zu schlachten, um sie dann zu verzehren.
Aus Sicht der Liebe ist dies unnatürlich und, in Menschenworte gefasst, widerlich!
Es widerspricht der Natur des Menschen, Lebewesen zu essen.

Ihr Menschen seid mit allem verbunden, was ist, auch mit allen Tieren, die auf Mutter Erde wohnen. Tiere sind ebenfalls Seelenwesen. Sie tragen eine Seele und eine Herzensschwingung in sich. Es ist traurig, mit anzusehen, wie ihr Menschen nach wie vor Euresgleichen schlachtet und verfolgt.

Erst wenn Ihr in die Augen eines Tieres seht, werdet Ihr erkennen, welche Liebe durch dieses Wesen fließt. Es ist die bedingungslose Liebe, die Tiere in sich tragen. Sie sind frei von irgendwelchen Egoströmen, sondern bewusst im Hier und Jetzt verankert. Sie denken nicht darüber nach, was morgen ist oder gestern war. Sie sind verbunden mit der Kraft der Liebe.

Was die Tiere jedoch in sich tragen, ist die Angst. Diese ist gespeichert in ihren Zellen. Sie spüren die Angst und die Fleischeslust des Menschen. Diese Angst wird durch das Schlachten der Tiere weiter gefördert.

Und wir möchten euch auch sagen: Das Töten von sogenanntem Ungeziefer ist ebenfalls ein Schlachten am Tier! Überlege Dir lieber, warum diese Tiere in Deinem Umfeld sind.

Wie können wir Menschen dazu beitragen, damit dieses Schlachten von Tieren endlich aufhört?

Jeder kann für sich bewusst die Grenze ziehen. Die Grenze zum Konsum von tierischen Produkten der Schlachtung. Es ist das hohe Bewusstsein einer gewissen Anzahl von Menschen erforderlich, das die kritische Masse zum Kippen bringen wird. Dies bedeutet: Je mehr Menschen eine rein pflanzliche Nahrungsform bevorzugen, desto eher wird sich dieses Bewusstsein auf alle Menschen übertragen.
Das Schlachten von Tieren wird mit dieser Entscheidung im gleichen Atemzug überflüssig.

Entscheide für Dich, was Du in Deinem Leben fördern möchtest. Ist es die Angst oder die Liebe?

Mit Deinem bewussten und vor allem AKTIVEN Tun veränderst und gestaltest Du die Welt. Also sei Dir bewusst, welche Form des Lebens Du wählst: Angst oder Liebe...

Wie sieht es bei einer rein pflanzlichen Ernährungsweise mit der körperlichen Versorgung von Nährstoffen aus?

Diese Frage ist natürlich berechtigt, wo Ihr Menschen doch so gut ausgebildete Ernährungswissenschaftler habt, die ausdrücklich auf den Konsum von Fleisch- und Tierprodukten hinweisen, um eine Gesunderhaltung Eures Organismus zu gewähren.

Interessanterweise gibt es unter Euch Menschen bereits sehr viele Nahrungsunverträglichkeiten auf bestimmte Nahrungsketten. Sehr viele vertragen tierische Produkte nicht und reagieren bereits körperlich sehr stark darauf. Es sind dies Hinweise auf die Gesamtbevölkerung. Diese Menschen sind dazu da, um auf die Missstände Eurer Zeit aufmerksam zu machen. Damit Ihr erkennt, dass Ihr auch ohne den Konsum tierischen Lebens sehr gesund leben könnt.

Es ist ein großer Irrtum zu glauben, dass die tierische Nahrung Euch gesund erhält!
Im Gegenteil: sie macht Euch Menschen KRANK!
Die Energie im Fleisch ist Lähmung, Angst, Terror, Krieg, Hass, Mord.
Diese Zellinformationen esst Ihr Menschen mit!

Nährstoffe nehmt Ihr über die pflanzliche Nahrung auf und größtenteils über die Luft. Die Luft oder die Energie, die Euch umgibt, speist Euch Menschen. Nennt es Prana oder heilige Energie. Ihr werdet merken: Je bewusster Ihr seid, desto mehr öffnen sich Eure Chakren, und desto mehr könnt Ihr über Euer Umfeld Nahrung aufnehmen. Lichtnahrung ist auch Teil der Pflanzenwelt.

So speist Ihr über die Pflanzen das Licht in Euren Körper. Das Licht ist, wie schon erwähnt, der Schlüssel zur Versorgung Eures Körpers. Nimm beim nächsten Einkauf die Lebensmittel in die Hand und prüfe über Dein Herz: Spürst Du Licht oder nur tote Energie?

Dieses zum Thema „LEBENSMITTEL“: Das Wort LEBEN ist hierbei ausschlaggebend. Nahrung sollte Leben enthalten, also Liebe und Licht. Der getötete Körper eines Tieres enthält einiges, jedoch nicht Liebe oder Licht. Je mehr Tierisches aufgenommen wird, desto mehr Licht und Liebe benötigt der Körper, um diese tote Energie zu verarbeiten.

Vertraue, lieber Mensch, dass Du mit allem aus der Natur versorgt bist. Erkenne den Reichtum dieser Schöpfung, es ist von allem genügend da.
Ernähre Dich von den Blättern, den Früchten, den Samen und natürlich vom Wasser – das alles ist für Euch Menschen vorgesehen.

So sei Euch gesagt:

Erst wenn das Morden an Tieren sein Ende gefunden hat, kann Frieden auf Erden sein. Wenn der letzte Jäger, der letzte Fischer, der letzte Schlachter, der letzte Fleischesser die Waffe des Tötens niedergelegt hat, wird Frieden sein.

Also entscheide JETZT für Dein Leben und diesen wundervollen Planeten und sage bewusst JA zu Dir und Deinem Leben in Liebe, Frieden und im Miteinander von Mensch und Tier.

Und die Milchprodukte von oder die Eier der Tiere?

Es ist Eure Entscheidung, liebes Menschenkind.
Denke darüber nach: Ist es Liebe oder Angst, was Du konsumieren möchtest?
Milchprodukte sind ebenfalls tierischen Ursprungs und zählen nicht zur Versorgung des Menschen im natürlichen Plan. Tierische Produkte sind für den Menschen schwer verdaulich und belasten ihn auf verschiedenste Art und Weise. Ob sich dies körperlich über die Haut und die Zellen bemerkbar macht oder über das Energiefeld, in Form von Niedergeschlagenheit und Belastung der Sensitivität.

Milchprodukte oder tierische Endprodukte tragen die Energie des Lähmenden, Bestimmenden, Manipulierenden in sich.
Das wird über den Konsum in den Körper aufgenommen.
Diese tierischen Endprodukte sind aus medizinischer Sicht für Euch Menschen förderlich – jedoch niemals in dem Ausmaß, wie ihr es noch gewohnt seid.

Höre auf Deine innere Stimme, die genau erkennt, was Dein Körper im Moment braucht.

*Entscheide selbst, wie Du leben möchtest.
Wisse und erkenne: Der Zeitpunkt der reinen und klaren Ernährungsweise ist angebrochen. Dein Körper wird sich, je bewusster Du bist, mit Dir formen und von allein bestimmte Nahrungsmittel von sich weisen. Lass Dich führen und erkenne, was IST!*

Was könnt ihr uns über die Energieversorgung des Körpers durch eine rein pflanzliche Ernährungsweise sagen?

Ihr seid WACH!
Ihr seid frei von irgendwelchen Machteinflüssen des Außen!
Der Körper kann durchatmen und sich von allen anhaftenden Parasiten befreien!

Ein völlig gesunder Körper und Organismus entstehen durch die pflanzliche und, vor allem, vielseitige Ernährung der Gaben von Mutter Erde!

Achtet auf die Vielfalt, die Ihr zu Euch nehmt, und auf die Zeichen, die Gelüste Eures Körpers, die genau sagen, was und wieviel ihr im Moment an Nahrung braucht.
Lerne Dich und Deinen Körper kennen und entwickle eine Sensibilität für die Nahrung, die Du brauchst.

Wie sieht die Versorgung von Kindern und Babys idealerweise aus?

Eure Babys sind versorgt durch die Milch der Mutter.
Das Stillen an der Mutterbrust ist Lebensenergie und Licht für das Kind.

Die weitere feste Ernährung ab einem bestimmten Alter sollte eine umfassende Versorgung aller pflanzlicher Stoffe beinhalten.

UND: Geht mit Euren Kindern an die frische Luft – lasst sie atmen und die Energie des Lebens in sich aufnehmen. Sie wissen, wie es geht – vertraut Euren Kindern.

Die Kinder können alles über die pflanzliche Versorgung aufnehmen, was ihr Körper im Wachstum benötigt. Hört auf, die Kinder zwanghaft zu ernähren, nur weil irgendwelche Ängste in Euch geschürt worden sind. Vertraut als Mutter, als Vater, auf Euer Gespür, was Euer Kind benötigt. Achtet auf die bevorzugten Nahrungsmittel Eures Kindes. Die Kinder wissen, was sie brauchen, sofern sie nicht zu sehr in der Manipulation der Angst verstrickt sind. Je offener und natürlicher sie heranwachsen, desto mehr spüren sie, was gut für sie ist. Also fördere die Natürlichkeit und Offenheit nicht nur bei Dir, sondern vor allem bei Deinem Kind.

Sei Du als Erwachsener ein Vorbild für das Kind, indem Du bewusst Dein Leben lebst. Erst dann kannst Du das weitergeben, was Du bist. Versuche, Dein Kind zu fördern, es in seiner Göttlichkeit zu unterstützen, und erwarte nur das, was Du als Elternteil denkst und bewusst lebst.
Dein Kind spiegelt Dir Dein Leben ganz bewusst. Denke einmal darüber nach.

Beispiel:
Dein Kind kann von sich aus auf bestimmte Nahrung verzichten – sie ablehnen –, die Du als Erwachsener noch isst. Hier gilt es zu erkennen, was Du bereits in Dir abgelehnt hast, es aber noch immer – vielleicht aus Gewohnheit – konsumierst.
Dein Kind wird ebenfalls ungesunde Nahrungsmittel in sich aufnehmen, wenn Du diese als Mutter oder Vater konsumierst. Denke darüber nach, was Du Deinem Kind empfiehlst und zugleich für Dich ablehnst.

Wir freuen uns, wenn Du darüber nachdenkst, was Du Deinem Körper über die Ernährung zufügst, und noch mehr freuen wir uns, wenn Du bewusst Dein Leben lebst.

Sei wach und erkenne die Liebe und das Licht, die Dich umgeben.

Danke und Namasté,
die Engel des Lichts.
Energiewesen vom Stern der Plejaden.

Brief 18: Über Heilung

Danke, Ihr lieben Engel des Lichts. Ich freue mich auf weitere Botschaften von Euch.

So grüßen wir Dich aus tiefstem Seelenherzen.

Wie können wir Menschen Heilung erfahren – die Menschen, die körperlich krank sind?

Liebes Menschenkind, danke, dass Du mich rufst.

Wir sind bei Dir – zu jeder Zeit!
Wir Wesen des Lichts und der Liebe umhüllen Dich mit der Energie, die Du jetzt benötigst.

Heilung ist in Deinem Gesamtsein zu erfahren. Heilung geschieht auf mehreren Ebenen zu verschiedenen Zeiten, und doch in einem Ganzen.

Heilung geschieht nicht einfach so – sie ist in jedem Menschen tief verwurzelt. Jeder trägt die Ausstattung in sich, gesund oder krank zu sein. Das ist Teil Eurer Dualität – Eures Menschseins auf Erden.

Ihr Menschen erfahrt großen Kummer, wenn Ihr merkt, dass Ihr krank seid. Jeder auf seine Art und Weise. Und doch erfährt jeder seine innere Kontrollstruktur, die die Krankheit anleitet. Der eine versucht, mit allen Mitteln gegen die Krankheit anzukämpfen, ein anderer versinkt in tiefer Depression, um nichts zu tun.

Wie Heilung geschehen darf, können wir Dir sagen:

Heilung ist eine angelegte menschliche Systemstruktur Deines Organismus. Alle Mittel, die eine Heilung unterstützen, fördern auch diese Systemstruktur. Unter Mittel verstehen wir Medikamente der Schulmedizin sowie energetische Heilverfahren.
Das Wichtigste, um Heilung zu erfahren, ist jedoch der Mensch selbst. Denn niemand weiß so gut Bescheid über die inneren Abläufe wie der Betroffene. Deshalb ist jeder für sich aufgefordert, nach innen zu schauen und Kontakt mit seinem inneren Heiler aufzunehmen.

Dein innerer Heiler wird Dir genaue Anweisungen geben, wie Du vorgehen kannst, damit das Programm der Gesundheit wieder zu hundert Prozent aktiv ist.
Das Schöne daran ist, dass Du genau weißt, wie Du Dich gesund machst und dass Heilung zu jeder Zeit geschehen darf!

Zu jeder Zeit!

Rufe Deine Geistführer zu Hilfe, damit Du Unterstützung erfährst.

Wie soll jemand am besten vorgehen, der dem Tod ins Auge blickt?

Wer sagt Dir das? Eure Mediziner dieser Zeit?
Wer kann Dir sagen, ob Du sterben wirst? Niemand – außer Du selbst hast auf hoher geistiger Ebene beschlossen zu gehen.

Was ist mit den Spontanheilungen? Was meint Ihr dazu? Sterbenskrank diagnostiziert oder als unheilbar abgestempelt … und doch: wieder gesund und voll im Leben!
Es gibt genug Beweise auf Erden, die solche Spontanheilungen darlegen. Seht einfach hin.

Lass Dich niemals in eine Kategorie eingliedern!

Lass Dir niemals eine Diagnose stellen!
Sofern Dir eine gestellt wurde, missachte sie!

Wir aus der Geistigen Welt möchten Dich darauf hinweisen, dass Du, sobald Du auf etwas aufmerksam gemacht worden bist, Deine gesamte Energie, bewusst und unbewusst, auf dieses Gesagte richtest. Dann erkenne diese enorme Energieladung:

Alle Zellen richten ihre Aufmerksamkeit auf die kranke Stelle in Deinem Körper.

Dabei sollte gerade in der Zeit einer Krankheit die Aufmerksamkeit auf die Gesundheit gerichtet werden...

Wenn Du also Betroffener einer schweren Krankheit bist, hast Du nun die Möglichkeit, an dieser Situation zu wachsen, damit Du ganzheitliche Heilung erfährst.

Wie macht man das?

Blicke auf die Krankheit und sieh Dir den Platz ihres Ursprungs, ihres Sitzes, an.
Dann erkenne, welche Region in Deinem Körper nach Heilung ruft.
Dort, wo der Ursprung ist, lässt sich auch gut die Botschaft der Krankheit erkennen.

Es geschieht nichts ohne Grund!

Erfahre den Grund Deiner Krankheit, nur so wirst Du auf lange Zeit geheilt sein.

Es sei Dir gesagt: Sollte die Schulmedizin es schaffen, Dich zu heilen (was nur indirekt möglich ist, da ja Du Dein Heiler bist), Du jedoch die Wurzel des Übels nicht entdeckt und ausgegraben hast, wird Dich Dein Körper immer wieder auf diese Wurzel hinweisen. Das Unkraut wird sprichwörtlich immer wieder zum Vorschein kommen. Wie in einem Garten – wenn Du oberflächlich das Sichtbare entfernst und die Wurzel noch im Boden steckt – wird die Pflanze immer wieder wachsen.

Hast Du den Ursprung entdeckt, der möglicherweise woanders sitzt als das Sichtbare (wie bei der Pflanze und der Wurzel), dann mach Dich an die Arbeit.
Sei achtsam, falls Du vorhast, mit Gift zu spritzen, um die Pflanze zu eliminieren. Denn dies würde die Umgebung auch mit verseuchen.
Sieh Dir Deine Pflanze, also Deine Krankheit, an und untersuche die Wurzel. Bitte dabei um Mithilfe der Geistigen Welt über Deine Geistführer.
Wenn Du den Wurzelverlauf entdeckt hast, verfolge alle kleinen Wurzeladern bis ins Detail. Denn die Wurzel besteht aus vielen kleinen Verzweigungen. Mal mehr, mal weniger. Du kannst nun beginnen, die Wurzeln zu entfernen. Doch Vorsicht! Kein Erdmaterial darf entfernt oder gar zerstört werden. Das schnelle Ausgraben der Wurzel kommt als Lösung also keineswegs infrage.

Was nun tun, wirst Du Dich fragen?
Nimm einen kleinen Pinsel in die Hand und beginne die Wurzeln freizulegen – Millimeter um Millimeter. Irgendwann hast Du es geschafft, und alles ist aus dem Erdreich befreit.
So ist es auch mit Deiner Krankheit.

Lege die Wurzel mit all ihren Verzweigungen frei. Das bedeutet, umgelegt auf Deinen Körper, dass Du aufgefordert bist, Dein Leben zu betrachten. Sieh auf Deine Vergangenheit, auf Deine karmischen Belastungen, Deine Vorfahren und Deine Eltern, Deine Familie und Deinen Freundeskreis, Deine Arbeit und Deinen Wohnraum – werde zum Detektiv des Lichts und durchleuchte Dein Leben!

Was sagt Dir Deine Krankheit:
Warum und wann hast Du Dein Einverständnis zu dieser Krankheit gegeben?

Und ja, Du bist derjenige, der Ja gesagt hat zu dieser Krankheit, und Du bist ebenfalls derjenige, der Ja sagt zur völligen Gesundheit.
Lass Dich bitte von Deiner Intuition führen, die Dir genau sagt, welche Schritte Du gehen darfst, und vor allem, mit WEM!

Als Erstes sage bewusst JA zu Deiner vollständigen Gesundheit!

Tue dies, indem Du die volle Aufmerksamkeit auf Dich richtest. Vielleicht findest Du einen Platz der Stille, an dem Du dies für Dich tun kannst. Hierfür rufe alle Deine Seelenbegleiter, Geistführer und Schutzengel. Bitte sie um Unterstützung und Begleitung. Lass einen Lichtstrahl in Dich einfließen. Stell Dir dabei einen Lichtkanal vor, in dem Du Dich befindest. Ein Lichtkanal aus goldenem Licht. Sprich für Dich ein Gebet, das Deine Verbindung zu Gott festigt, und wenn Du Dich innerlich bereit fühlst, lege beide Hände auf Dein Kronenchakra (Deinen Kopf) und sprich folgende Worte:

„Ja, ich entscheide mich im Hier und Jetzt für die vollkommene und vollständige Gesundheit meines Körpers. Ich bin vollkommen und vollständig gesund durch Raum und Zeit. Ich liebe und achte mich und diesen wunderbaren Körper. Ich bin die vollständige und vollkommene Heilung auf allen Ebenen meines Seins, durch Raum und Zeit. Ich bin vollkommen und vollständig geheilt und gesund auf allen Ebenen meines Seins, durch Raum und Zeit.
Danke und Amen.
So ist es."

Sobald Du, lieber Mensch, Dich mit Deiner Vollkommenheit, mit Deiner Göttlichkeit in Dir, verbindest, wird sich Dein gesamtes Bewusstsein danach ausrichten. Deine göttliche Führung und Deine Intuition erkennen für Dich die Schritte der Heilung.

Und ja, es gibt ein allgemeingültiges Rezept, wie sich jeder für seine körperliche Gesundheit öffnet. Jeder hat seine eigene Geschichte und seinen eigenen Weg zu gehen. Das bedeutet, Du wirst spüren, was Du aktiv TUN kannst, um die Heilung in Deinem Körper zu manifestieren.

Alles, was Deiner Seele, Deinem Herzen und Deinem inneren Gefühl Wohlbehagen bereitet, ist stets förderlich für Dich. Alles, was Dir Deine Angst- und Denkstruktur vermittelt, ist zu hinterfragen.

Sei im Vertrauen und stärke Deine Intuition, die genau weiß, was im Moment für Deinen gesamten Organismus förderlich ist.

Denn die Einheit von Körper, Geist und Seele ist entscheidend für Dein Wohlbefinden auf Mutter Erde.

So erlaube Dir selbst, gesund zu sein!

Ich danke Euch, Ihr lieben Engel des Lichts.

Wir danken Dir.
So sei gegrüßt,
Erzengel Michael, Erzengel Raphael und die Engel des Lichts.

Brief 19: Über die Kinder der Neuen Zeit

So grüße ich Euch, Engel des Lichts, und heiße Euch willkommen.

Wir freuen uns und grüßen Dich, liebes Menschenkind.

Liebe Engel des Lichts, so viele neue Seelen inkarnieren immer wieder auf Erden. Welche Aufgaben tragen diese kleinen Lichter in sich?

Es sind dies Kinder, die sehr starke Verbindungen mit Wesenheiten und Kristallenergie in sich tragen. Kinder, die genau um ihren Weg und ihre Seelenaufgabe im kosmischen Plan wissen. So sind diese Seelen meistens sehr ausgereift und versuchen, mit ihrer Seelenkraft den Fortschritt ins Goldene Zeitalter zu begleiten. Die Kinder dieser Neuen Zeit sind eine neue Generation von Kristall- und Indigokindern. Sie schwingen feiner und können sich sensibler auf ihre Umwelt einlassen.

Das birgt natürlich für diese feinen Seelen eine enorme körperliche Herausforderung. Sie müssen sich erst einfinden auf diesem Planeten und vorerst ihre Schwingungsfrequenz drosseln, um sich der Erdschwingung des Kollektivs anzupassen. Das bedeutet, diese Seelen übertönen mit ihrer hohen Schwingungsfrequenz die Energie der Erde. Um jedoch überleben zu können, müssen sie ihre körperlichen Schwingungen anpassen und herunterdrosseln zu einem schier unhaltbaren Maximum an Energieschwingung. Die Kinder sind nicht umsonst in der ersten Zeit körperlich sehr gefordert. Achtet darauf, dass ihr bereits in den Zeiten der Schwangerschaft energetisch mit den Kindern kommuniziert und sie auf das Erdenleben vorbereitet, mit den Möglichkeiten, die Euch als Eltern gegeben sind.

Wenn die Kinder während und nach der Geburt und in der Babyphase körperliche Probleme haben, unterstützt sie in ihren Wandlungsprozessen mit Hilfe energetischer Mittel – zusätzlich zur heilenden Medizin der Kräuter.

Die Kinder dieser Zeit brauchen sehr viel LIEBE und Mitgefühl, um in ihren Prozess zu wachsen.

Wie können wir diese Kinder unterstützen?

Lasst die Kinder Kinder sein. Unterstützt sie in ihrem Sein. Fördert ihre Begabungen und Interessen. Zwingt sie nicht, etwas zu tun, was ihr als Eltern glaubt, es wäre gut für sie. Gebt ihnen genügend Freiräume, damit sie ihr Innerstes nach außen kehren können. Lasst sie spielen, vor allem in und mit der Natur. Unterstützt sie mit Spielen, die ihre Kreativität und Neugierde fördern. Es gibt so vieles, was Ihr Euren Kindern in der Natur zeigen könnt. So könnt Ihr auf teures und unnötiges Spielzeug verzichten. Die Kinder brauchen nicht viel an materiellen Dingen, um glücklich zu sein. Bringt ihnen bei, mit wenig zufrieden zu sein und mit der Kreativität der Natur zu spielen. Bringt ihnen bei, zu musizieren und zu singen. Singt und tanzt mit Euren Kindern, frei und ungezwungen. Spielt mit ihnen die Spiele, die ihren Mut und ihr Vertrauen in sich fördern. Und seht sie als Eure Lehrmeister, die Euch zeigen, wie das Leben funktionieren kann.

Danke, Ihr lieben Engel des Lichts.

Waren die Menschenkinder, die nun auf Erden geboren werden, bereits sehr oft hier inkarniert?

Ja, so ist es.
Die Seelen, die nun auf Erden inkarnieren, sind bereits Meister im Umgang mit dem Leben auf Erden. Dennoch muss sich jede Seele erst wieder auf die Schwingung der Erde einstellen. Es ist ein neuer Körper, den die Seele gewählt hat. Die kleinen Menschen haben alle eine gemeinsame Mission – so, wie jeder Einzelne auf diesem Planeten: Die Liebe und die Freude, die Harmonie und das Glück, das Goldenen Zeitalter der Menschheit zu leben und zu sein.

Die Kinderseelen auf Erden sind sehr sensibel und vertraut mit den Energien von Mutter Erde. Deswegen geht mit ihnen in die Natur, und wählt auch Euren Wohnsitz, wenn es Euch möglich ist, in der Natur.

Sind Kinder, die in Städten wohnen, unglücklicher als Kinder auf dem Land?

Wir würden dies anders formulieren. Die Kinder sind eingeschränkter in ihrer Entwicklung. Sie haben Schwierigkeiten damit, ihren physischen Körper der hohen Schwingung anzupassen. Denn für diese Anhebung auf körperlicher Ebene benötigen sie – wie jeder andere – die Natur. Den Boden von Mutter Erde.

Lasst Eure Kinder gemeinsam mit Euch barfuß im Wald, auf der Wiese, im Sand laufen. Lasst sie die Kraft von Mutter Erde spüren. Legt Euch mit ihnen auf die Wiese und schlaft auch mal im Freien. Das tut Euch gut!

Wenn Ihr in Städten wohnt, sorgt dafür, dass Eure Kinder genügend Möglichkeiten haben, sich in der freien Natur zu bewegen. Mit frei meinen wir die Wiesen und Wälder abseits von irgendwelchen koordinierten Parks und vorgegebenen Pfaden. Geht in die offene Natur und spielt mit den Kindern im Wald mit den Bäumen, erzählt ihnen von den Blumen und den vielen Kräutern, den Sträuchern und der Beschaffenheit des Bodens. Macht Euch als Erwachsene schlau, wie alles benannt wird und wozu die vielen Blumen und Kräuter, die

Blätter und Bäume gut sind. Dadurch lernt Ihr und lernen Eure Kinder den Umgang mit Mutter Erde.

Verbindet Euch mit dem Wissen der Alten Zeit und nehmt teil am Reichtum von Mutter Erde.

Spüren die Kinder sogenannte Naturkatastrophen und Veränderungen der Erdschichten?

Ja, so ist es.

Auch Du als Erwachsener spürst die Veränderungen. Hab einfach den Mut, Deine Sinne zu schärfen! Lerne, wieder ein Teil des Ganzen zu sein, und übe Dich darin, den Puls von Mutter Erde zu spüren.

Danke, Ihr lieben Engel des Lichts. Ich danke Euch.

Wir danken Dir. Seid gegrüßt, Ihr Kinderseelen, alle, die Ihr seid.

In Liebe, El Morya, Erzengel Metatron und die Engel des Lichts.

Brief 20: Über Seelenpartnerschaften

So grüße ich Euch, Ihr lieben Engel des Lichts.
Heute möchte ich mit einem besonderen Thema an Euch herantreten – es liegt förmlich in der Luft…

Wir grüßen Dich, liebes Sternenkind.
Und ja, wir wissen um Deine Fragen.

Bitte beantwortet uns Menschen folgende Fragen zur Verbindung zweier Menschen in Liebe.
Da ich die Fragen gerade jetzt nicht benennen kann, bitte ich Euch, einfach zu antworten. Danke und Namasté.

Danke.
Seelenpartnerschaften sind Verbindungen, die besonders gekennzeichnet sind. Einerseits durch die tiefe Verbindung in Liebe, andererseits als Motor von Veränderungen.
Der eine Impuls ist der schöne, der andere für die Menschen oft der schmerzende…
Schmerzend, weil ihr Menschen es so erfahren habt.

Wir möchten Euch nun diese Verbindung näherbringen, damit Ihr sie verstehen – begreifen könnt.

Auf Seelenebene gibt es eine große Seelenfamilie, der Du angehörst.
Diese Familie ist Teil Deines Seelenstrahls, sprich, der großen, einen Verbindung, aus der Du entstanden bist.
Dabei ist die Urseele der Ursprung aller Seelen.
Die Urseele kannst Du Dir wie eine Sonne mit vielen Strahlen vorstellen. Die Strahlen repräsentieren die Seelenfamilien. Das heißt, Du entstammst einem dieser Strahlen, und alle Deine Seelenverwandten ebenso. Dies ist Eure Verbindung. Es gibt unzählige Seelenverwandte, die einem Strahl entstammen.

Viele dieser Seelenverwandten sind auf anderen Planeten oder in anderen Dimensionen inkarniert. Es gibt Seelenverwandte, die bereits Geistführer sind, und welche, die erst jetzt aus dem Urstrahl geboren werden. Alle Formen der Seelenentwicklung sind möglich.

Als Mensch auf Erden hast Du, bevor Du inkarniert bist, mit dem engen Kreis Deiner Seelenfamilie Kontakt. Ihr entscheidet gemeinsam mit dem Karmischen Rat, wer sich wann und wo begegnet. Das bedeutet, dass Eure Begegnungen vorbestimmt sind, und auch, mit welchen Mitgliedern aus Deiner Seelenfamilie Erfahrungen gesammelt werden.

Natürlich sind hier auch Änderungen möglich – doch meistens erfolgen diese Begegnungen und Erfahrungen in einem rhythmischen Rad, sonst würde alles durcheinanderlaufen und Chaos entstehen. Dies gilt es, über den karmischen Rat zu verhindern. Deshalb gibt es eine genaue Planung über die Akasha-Chronik einer jeden Seele.

Die Herzensverbindungen sowie die Verbindungen zu Deiner Familie oder Deinen Freunden.

Es sind dies die Begegnungen, bei denen Du spürst, dass sie tiefgehender sind.

Du spürst eine intuitive Verbindung, und es gibt sofort eine Öffnung über den Herzensbereich.

Alle Mitglieder Deiner Seelenfamilie sind auch untereinander verbunden. So sind alle Begegnungen in Deinem Leben Seelenverbindungen, auch die Verbindungen dieser Menschen untereinander.

Partner der Vergangenheit, der Gegenwart und der Zukunft sind alle Teil Deiner Seelenfamilie.

Auch sie sind miteinander verbunden.

Familienmitglieder und Freunde entstammen ebenfalls zum größten Teil Deinem Seelenstrahl.

Es ist dies ein sehr komplexes Rad und eine große Dimension, die alle diese Seelen umfasst.

In göttlicher Wahrheit seid Ihr Menschen alle miteinander verbunden.

Wie sieht es mit den Dualseelen aus?

Dualseelen haben stets eine Herzensverbindung. Es sind Partnerschaften, die eine sehr starke karmische Verbindung in sich tragen. Verbindungen dieser Art haben bereits sehr viele Inkarnationen gemeinsam in Partnerschaften verbracht. Sie begegnen sich immer wieder, um gemeinsame Aufgaben zu lösen.

Im Hier und Jetzt ist Eure gemeinsame Mission
die Anhebung der Schwingung in Richtung Göttlichkeit.

Die Begegnung mit einer Dualseele ist eine sehr starke Herzensverbindung, denn Ihr seid Euch sehr nah und habt vieles gemeinsam. Ihr ergänzt euch ideal, da Ihr den anderen sehr gut kennt und spürt. Eure Verbindungen sind gekennzeichnet von Stabilität und Mitgefühl. Ihr könnt den anderen spüren, auch wenn er nicht da ist. Ihr könnt ihn bereits spüren, bevor diese Seele in Euer Leben tritt. Ihr spürt diese Seele ständig, da Ihr so eng verbunden seid.

Alles, was die eine Seele heilt – heilt die Dualseele mit.
Alles, was die eine Seele erfährt – erfährt die Dualseele mit.

Ihr wachst gemeinsam und im ständigen Austausch mit- und zueinander.

Es ist dies eine wunderbare Ergänzung von Allem-was-ist.

Eure Begegnung auf Erden ist ebenfalls geschrieben.
Je bewusster ihr Menschen seid und je klarer Euer Bewusstsein ist, desto wahrscheinlicher ist es, dass eine Begegnung mit einer Dualseele geplant ist.
Das ist nur möglich, da ihr bereits gemeinsam viele Inkarnationen durchlebt habt.
Auch diese waren geplant.
So entsteht im Laufe gemeinsam erlebter Inkarnationen eine starke Seelenverbindung: eine Dualseelenverbindung.

Gibt es eine oder mehrere Dualseelen zu einer Seele?

Es gibt die Möglichkeit der Verbindung zu mehreren Dualseelen.
Jedoch ist das eine sehr ausgeprägte Form der Seelenerfahrung.
Das sind Seelen, die vorab entschieden haben, ständig zu inkarnieren. Sie brauchen viel Präsenz, um auf Seelenebene schnelle Erfahrungen zu sammeln. Es sind meistens sehr junge Seelen, die sich bereit erklärt haben, diese schnellen Seelenerfahrungen zu sammeln. Dazu benötigen sie natürlich eine starke Flexibilität unter den Mitgliedern der Seelenfamilie. Deshalb sind auch mehr Verbindungen mit Seelenpartnern notwendig.

Die Mehrheit der Seelenerfahrungen ist, mit einer einzigen Dualseele immer wieder zu wachsen.
Dennoch ist alles offen: Die Seele entscheidet auf Seelenebene gemeinsam mit dem Seelenrat, welche Erfahrungen gemacht werden können und wie schnell es passieren darf.
Generell darf gesagt werden, dass Ihr in der jeweiligen Inkarnation einer Euch vorbestimmten Dualseele begegnet. Ihr entscheidet dann selbst- und eigenverantwortlich, was mit Euch geschieht.

Es mag für Euch als Menschen sehr kompliziert klingen, dennoch sei Dir gesagt, dass auch Du Deine Seelenentwicklung mit geplant hast. Du hast entschieden, hier zu sein, in dieser Familie, mit Deinen Partnern und Begleitern.

Es gibt Menschen, die spüren ihre Dualseele, ihren Seelenpartner, und dennoch sind sie allein. Wie kann es sein, dass diese Menschen teilweise so lange Zeit ohne Partner sind?

Das ist sehr individuell zu betrachten. Jeder Mensch sammelt eigene Erfahrungen. Und vielleicht ist es gerade dieser Moment, den er benötigt, um zu erwachen.

So viele Menschen – so viele Wahrheiten!

Wir können nur sagen: Habt Vertrauen in Euch und Eure Seelenentwicklung.
Alles ist gut so, wie es ist.
Sei stets bereit zu wachsen, um zu erkennen.

Ist für jeden Menschen auf Erden ein Herzenspartner vorgesehen?

Ja, natürlich!
Jeder Mensch erfährt Wachstum über den Herzenspartner.
Ihr Menschen habt nicht umsonst Eure körperliche Ausstattung erhalten, die Ihr als Mann oder als Frau tragt. Ihr seid wunderschön erschaffene und vollständige Wesensträger von Leben – Ihr Dualseelen und Seelengefährten.
Jeder Mensch auf Erden erfährt irgendwann die Verbindung zu seinen Seelenpartnern oder zur Dualseele.

Wie auch immer sich diese Herzensverbindungen gestalten, ist schlussendlich individuell und jeder Seele und der jeweiligen Seelenentwicklung vorbehalten.

Jede Menschenseele für sich hat die Liebe in sein Leben eingeladen.
Hab VERTRAUEN in Dich und Deinen Seelenplan.

Und warte nicht auf Dein Leben, sondern lade die Liebe in Dein Leben ein.
Es ist so einfach und doch so schwer für Euch Menschen, da Ihr lernen dürft, zu vertrauen!

Danke, Ihr lieben Wesen des Lichts!

Warum sind diese Herzensverbindungen oft so schmerzhaft in ihrem Verlauf?

Schmerzhaft ist eine Bezeichnung des Verstandes.
Jede Seelenverbindung ist gekennzeichnet durch tiefe Seelenliebe.
Die Verbindung zu Deiner Seelenfamilie ist die stärkste. Hier ist die Liebe sehr stark verwurzelt, da Ihr Euch so nahe seid.

Dazu möchten wir Euch Folgendes näherbringen:

Die Liebe ist der Motor der Veränderungen.

Jede Seelenerfahrung basiert auf Liebe.
Jede Entwicklung, in welche Richtung auch immer, ist die Quintessenz der Liebe.

Alles in Deinem Leben geschieht aus LIEBE zu DIR und Deiner Seelentwicklung.
JEDE EINZELNE ERFAHRUNG IST LIEBE!

Du erfährst, um zu erkennen und wach zu sein!

Deshalb ist oft gerade die Verbindung zu Deinem Seelenpartner sehr schmerzhaft – schmerzhaft aus menschlicher Betrachtungsweise.
Die Menschen neigen dazu, ihren Partner zu wechseln, anstatt die Botschaft zu erkennen, die sich dahinter verbirgt. Viele Seelen haben sehr viele Seelenpartner, um immer wieder dieselbe Seelenerfahrung zu machen, bis sie erkennen, worum es in ihren Leben geht. Diese Erfahrungen können auch immer wieder mit demselben Partner gemacht werden – so lange, bis der sogenannte Aha-Effekt eingetreten ist.

Wenn der gemeinsame Lernprozess erfolgreich abgeschlossen wurde, spürt Ihr dies auf Herzensebene, und es entsteht Frieden in Euch.

Ob Ihr als Partner zusammen bleibt, ist wieder individuell zu betrachten und obliegt der jeweiligen Menschenseele. Ihr selbst entscheidet.

Ihr könnt in Verträgen, die abgeschlossen sind, beim Seelenpartner bleiben und trotzdem weitere Erfahrungen mit anderen Seelenpartnern machen. Diese sind dann freundschaftliche Verbindungen oder wie auch immer Ihr sie wählt.

Versucht nicht, diese Pläne auf menschlicher Verstandesebene zu erklären oder nachzuvollziehen. Es ist über den Verstand nicht messbar, sondern nur am Rande erkennbar.
Es ist so, wie es ist!
Vertraue und sei bei Dir in Deinem Herzen. Hier spürst Du die Wahrheit, die IST!

Danke!

Dualseelen in dieser Zeit machen sehr viele Erfahrungen mit den Themen Rollenverteilung und Familienstrukturen. Was könnt Ihr dazu sagen?

Als Dualseele verkörpert Ihr eine sehr starke Verbindung und Einheit.

Die Verunsicherungen und Verwirrungen in Partnerschaften der Dualseelen sind zurückzuführen auf die Veränderungen von Mutter Erde. Durch die ständige Anpassung an die Schwingungsfrequenz der neuen Dimension sind auch die Verbindungen auf Mutter Erde davon betroffen.

Ihr seid nun in einem Zeitalter der Wahrheitsfindung und Veränderung alter Strukturen.
Blickt um Euch und erkennt die Wahrheit Eures Herzens.
Lebensgewohnheiten sind Ergebnisse Eurer Erziehung und der Gesellschaft, in der ihr lebt. Es sind nicht die Eures Herzens.

Deshalb funktionieren diese alten Strukturen auch im Hier und Jetzt nicht mehr. Eure Verbindungen basieren auf der reinen Form der Liebe, und Ihr habt es Euch zur Aufgabe gemacht, diesen Planeten in seiner Schwingungsanhebung zu begleiten – Euch selbst zu begleiten und Teil dieser Veränderung zu sein.

Es ist Euer Verstand, der versucht, Euch in eine Form von Partnerschaft zu pressen, die nicht aus dem Herzen kommt. Der Verstand agiert nach dem, was er kennt. Alles andere erscheint ihm fremd. Es ist Eure Lernerfahrung, zu vertrauen!

Wie lauten Eure Empfehlungen für Partnerschaften auf Dualseelenebene?

Vertraut in Euch und Eure Impulse.

Habt den Mut, Euch aus konventionellen Vorgaben zu lösen und so zu leben, wie es Euch gefällt.

Es ist egal, wie die partnerschaftliche Verteilung verläuft.
Es ist egal, wer für die Kinderziehung, den Haushalt, das Einkommen, die Pflege des Gartens, die Fürsorge, die Beschaffung von Ressourcen usw. aufkommt. Wichtig ist nur, dass Ihr in Eurer Partnerschaft erkennt, wer welche Stärken, Bedürfnisse und Vorlieben hat.

Definiert Euch selbst in Eurer Partnerschaft. Ihr seid ein Team – jeder mit seinen mitgebrachten Gaben und Stärken!
Ihr seid individuell!
Ihr seid so, wie Ihr seid.

Hört auf, einen Kampf zu führen, der Euch diktiert, dem zu entsprechen, wie ihr zu sein habt. Wie es Eure Gesellschaft oder Eure Erziehung einfordert. Ihr seid so, wie Ihr seid.

Habt vielmehr den Mut, Euch miteinander zu stärken und zu bekräftigen. Fördert Euch und lernt mit Eurer Dualseele. Ihr könnt gemeinsam die schnellste Heilung erfahren und in Eurer Seelentwicklung wachsen, wenn Ihr gemeinsam als Team – MITEINANDER und FÜREINANDER – fungiert.

Hört auf, den anderen zu ver- oder beurteilen!

Seht genau hin, welche Botschaften hinter Euren Lernerfahrungen stecken.

Erkennt im anderen den Spiegel Eurer inneren Muster.

Hört auf, zu verurteilen und den Partner für Euer Leben verantwortlich zu machen.

JEDER TRÄGT SEINEN TEIL DES ERFOLGS ZU EINER GELUNGENEN PARTNERSCHAFT BEI!

Definiert Eure gemeinsamen Wünsche und Ziele!

Werdet Euch Eures gemeinsamen Weges bewusst.

Fördert Euch gegenseitig und stärkt Euch auf Eurem Weg.

Ihr seid eine Einheit, und niemand spürt Dich so gut wie Deine Dualseele!

Als Dualseele habt Ihr eine starke Schutzverbindung – eine Verbindung der tiefen Liebe zueinander. Über diese gelebte Liebe sendet Ihr Heilenergie aus. Zu Euch und Mutter Erde.

Heilt alle Eure Themen über Eure Liebe zueinander.

Folgt dem Weg Eures Herzens und öffnet Euch für die Dimensionsschwingung von Mutter Erde.

Die Liebe ist in Euch!

Erkennt!

Lebt nach den Wünschen Eures Herzens und folgt den Impulsen Eures Herzens.

Wir sind in und mit Euch.

Die Engel des Lichts.
Namasté
Ananashá
Maria Magdalena, Lord Kuthumi, El Morya, Serapis Bey, Cherubim Aoman, Rham und Singh

Brief 21: Über das Erwachen Deines Selbst

Liebe Wesen der Liebe, ich grüße Euch und danke Euch, dass Ihr hier seid.

So grüßen auch wir Euch, liebe Seelenfreunde.

Was genau, liebe Wesen des Lichts, bedeutet für uns Menschen Erwachen?

Danke!

Wir danken Dir.
Liebes Menschenkind und Seele, die Du bist, wir möchten Dir sehr gerne etwas darüber erzählen.
Wir dürfen ein wenig schmunzeln, denn zu diesem Thema gibt es in Wahrheit weniger zu erzählen als zu fühlen…
Deshalb ist es wichtig, lieber Mensch, dass Du fühlst, was Du jetzt liest und erfährst.

Der Erwachungsprozess ist in göttlicher Wahrheit ein Bewusstseinsgrad. Es geht hierbei um das bewusste Erleben der Dinge, so, wie sie sind. Als Beispiel möchten wir Dir sagen: Denke an einen Menschen, der bewusst nach seinen Bedürfnissen des Herzens lebt. Dann denke an einen Menschen, der sich von seinen Ängsten und antrainierten Mustern leiten lässt. Beide leben nach ihren Motiven ihr Leben so, wie sie es für sich als angenehm empfinden. Du als Außenstehender kannst die Illusion des verschlossenen Menschen erkennen. Wenn Du jedoch selbst in dieser Lebenssituation bist, wirst Du nichts anderes im Außen erkennen als Deine Dir selbst auferlegten Illusionen, die Dich durch Dein Leben leiten.

Als ein bewusster Mensch dieser Zeit achtest Du auf Lebensflussstagnationen und Reaktionen Deines Lebens auf Dich und wirst immer mehr versuchen, den Antrieb hinter dem Erleben zu erkennen.

Der unbewusste Mensch kennt sein Ziel und geht geradewegs darauf zu, ohne nach rechts oder links zu blicken.
Der bewusste Mensch kennt auch sein Ziel, nimmt jedoch abseits seines Weges die vielen Bilder und Darbietungen wahr, die sich aus der Landschaft formen, und nimmt sie dankbar und, vor allem, bewusst an.

Das ist der Unterschied zwischen einem erwachten und einem schlafenden Menschen. Es geht, Ihr lieben Menschen, um das AUFWACHEN! Das Aufwachen und das bewusste Hinsehen. Erst wenn der Mensch bereit ist, sein Leben nicht über den Bildschirm zu betrachten, sondern es aktiv und selbstverantwortlich zu gestalten, ist er in seiner Kraft erwacht. Erwachen ist bereits ein aktuelles Umgangswort bei gewissen Menschengruppen geworden, das nichts anderes bedeutet als: mit der Kraft der bedingungslosen LIEBE vom ICH BIN zum WIR SIND!

Ist das der vorgegebene Weg eines jeden Menschen?

Ja!
Jede Seele ist bestrebt, zu leben und das gesamte menschliche Sein, also

Körper, Seele und Geist, in Einklang mit der göttlichen Präsenz zu bringen.

Das Lustige an dieser Geschichte ist:

DASS ES BEREITS SO IST UND DER MENSCH NUR MEHR ZU ERKENNEN BRAUCHT!

Ihr Menschen strebt so sehr nach Erleuchtung, dass Ihr dabei überseht, dass Ihr bereits erleuchtet seid.

Jeder ist verbunden mit dem göttlichen und allumfassenden Wissen. Jeder trägt den Schöpferkeim in sich, egal, wie er lebt. Es geht nur mehr um das Annehmen dieser göttlichen Gabe.

Das Leben führt Euch und lässt Euch Euren Entwicklungsstand erkennen. Das zeigt, wie sehr Du Deine antrainierten Muster wie Ängste, Erziehung, Kultur usw. lebst, oder ob Du bereits verbunden bist mit Deiner Seele und aus dem Herzen heraus lebst.
Das Leben ist eine wunderbare Anzeigetafel, auf der Du alles, was Dich betrifft, erkennen kannst.
Wir wünschen es jedem Einzelnen, authentisch zu sein und aus voller Herzenskraft zu leben, denn das ist Euer Weg – der Weg, der Euch ins Licht führt.
Es klingt so einfach, und dennoch ist es so schwer für Euch Menschen. Die Authentizität ist eine der größten Herausforderungen für Euch.
Das Eigenwillige ist, dass Ihr gar nicht wisst, wer Ihr wirklich seid. Was Euch Freude bereitet – aus Eurem Herzen heraus!

Was möchtet Ihr den Menschen noch empfehlen?

Versuche, lieber Mensch, Dich und die Welt zu erfassen!
Mit all Deinen Sinnen!

Versuche, lieber Mensch, Deinen Körper zu erfassen
und wahrzunehmen!
Mit all Deinen Sinnen!

Versuche, alle Deine Lebenslaster freizugeben –
Erlaube Dir, FREI zu sein!
Lebe in Eigenverantwortung Dein Leben zu und mit Dir.

Vertraue Dir und Deinen inneren Impulsen!

Lass Dich vom Leben im Positiven überraschen und
übergib alle Deine Sorgen und Ängste den Himmelswesen.

Erlaube Dir, Dein Denken zu wandeln und
die Kraft der illusionierenden Gedanken zu entlarven.

Sei stets bestrebt, Dein Leben in Dankbarkeit und
Demut gegenüber der Schöpfung zu leben.

Übe Dich in der Kraft der Stille!
Es ist der Ort, an dem Du Deiner Seele begegnest.
Deine Seele kennt alle Antworten auf Deine Fragen und
bringt Dich in die Kraft Deiner Herzensstärke!

Begib Dich an diesen Ort Deines Herzens, aus eigener Kraft oder mit Hilfen aus dem Außen, die Euch Menschen so zahlreich gegeben sind. Ob das geführte Meditationen sind, Musik, Botschaften oder Bücher – sie ALLE sind Möglichkeiten für Dich, um Deine Seelenkraft zu spüren.

Lass Dir dabei helfen, Du selbst zu sein, und scheue keine Mühen, die Dich dabei begleiten, DEIN LICHT ZU ENTFACHEN!

Die einzige Wahrheit entspringt Deinem Herzen!

Wenn Du das erkennst und im ständigen Austausch
mit dieser Wahrheit bist,
bist Du und ist Dein Leben umgeben von noch mehr Liebe und Licht.

Dann erkennst Du die Spiele der Illusion mit Leichtigkeit und
wirst ihnen mit innerlichem Frieden begegnen können.

Der innere Frieden ist der Freund Deiner Seele!
Frieden lässt die Wunden heilen und
alles im Licht der Dankbarkeit erhellen.
Dies ist die göttliche Kraft, die Vergebung,
Heilung und, vor allem, LIEBE, schafft!

Wir wünschen Dir dies alles so sehr.

Sei gesegnet auf Deinen Wegen und erlaube Dir JETZT,
die Stimme Deines Herzens zu sein.

Mutter Erde und das gesamte Leben stehen mit Dankbarkeit
und Demut hinter Dir.

So sei gesegnet und gegrüßt, liebes Menschenkind, das Du bist.
In Liebe, die Engel der Liebe und des Lichts, der Wahrheit und der Wirklichkeit.

Weitere Informationen zu diesem Gesamtwerk

Als eine wunderbare harmonische Ergänzung empfiehlt es sich, zum Öffnen sämtlicher Wahrnehmungskanäle während des Lesens *The Healing Symbols 144* intuitiv in Pyramidenform anzuordnen und ebenso die *The Healing Sounds 144* und/oder *The Healing Visuals 144* im Hintergrund zu hören. Damit werden die Energien in den Botschaften unterstützt und können leicht ins Bewusstsein und in die Körperzellen transformiert werden.
Du findest Hör- und Sehproben und alle weiteren Informationen sowie eine Bestellmöglichkeit für alle Dich unterstützenden Produkte auf der Homepage *www.STIX7.com*

Die Göttliche Ordnung – Code 144

Die Zahl 12 ist die Schöpfungszahl, die JETZT mit dem Bewusstseinswandel aller Seelenwesen auf Lady Gaia und im gesamten Universum – hier auf Erden im Speziellen mit der gesamten Menschheit – vonstattengeht.

Dabei geht es mehr um die Schwingung dahinter, die in der rationellen Sprache als 12 bezeichnet werden kann. Diese Energie ist bereits seit Anbeginn der Zeit verankert und hat sich über die Jahrtausende „etabliert" – 12 Stunden, 12 Apostel, 12 Planeten des Sonnensystems, 12 Monate, 12 Tierkreiszeichen oder auch die 12 Meridiane und das grundlegende 12-Chakra-System sind klare Zeichen dieser Schöpfungsfrequenz.

Mit dieser Schwingungszahl schließt sich der Kreis, und es steht nun das Erkennen der eigenen Göttlichkeit an – die Vollkommenheit eines jeden Einzelnen – und diese anzunehmen.

Mit diesem Abschluss des Wandels zum bewussten Menschen im „Goldenen Zeitalter der LIEBE" ist auch dieser Schöpfungszyklus rund um die 12 abgeschlossen, und es beginnt der neue Kreislauf zur Erschaffung der Realität auf göttlicher Ebene: die 13 – diese erschafft sich aus 12 + 1.

Alles, was der Schöpfung innewohnt, darf sich entfalten. Der göttliche Code in jeder Zelle wird aktiviert.

Die Frequenzen zu 144

Alle Frequenzen im Bereich von 140 – 150Hz sind Grundschwingungen im Universum zur Erschaffung der Vollkommenheit, im immerwährenden und niemals endenden Kreislauf zur Entstehung neuen Lebens.
Mit diesen Frequenzen geschieht Heilung auf, für den Verstand, wundersame Weise.
Die spezielle Frequenz 144Hz entspringt dem Mittelpunkt der Zentralsonne dieses Universums. Mit dieser überall einhergehenden Schwingungsanhebung, Schwingungsanpassung, wechselt das Universum in das Omniversum, das heißt: Das „Uni" bedeutet, dass alles vorhanden ist, und das „Omni", dass JETZT dieses Alles zur Verfügung steht und mittels Herzens- und Seelenkraft „gesteuert" wird.

The Healing Sounds 144

Diese 20 + 1 *The Healing Sounds 144* Frequenzschwingungen mit den Klängen aus der Quelle des SEINS tragen diese Grundschwingung des Mittelpunkts in sich und ermöglichen eine HeilWERDUNG – ein HeilSEIN auf allen Ebenen.

Jeder einzelne Klang vermittelt die Omnipräsenz der Vollkommenheit und wird über die Schwingung übertragen. Jede Körperzelle „erINNERt" sICH an ihre wahre Frequenz – ihr wahre Botschaft – und beginnt sich in einem Zyklus von 12 x 12 Tagen zu reaktivieren.

Diese 144 Tage sind die Tage des LICHTS und stehen im Zusammenhang mit den Urprinzipien des Lebens – mit der Urschöpfung –, mit der Matrix des Lebens, die alles einbindet, enthält und durchflutet.

The Healing Visuals 144

Bilder – bewegte Bilder mit Klang – sind der gelungene Versuch, die Symbole dreidimensional darzustellen.

Es klingt zwar paradox – die Haut kann nicht hören, und dennoch nimmt sie jeden einzelnen Klang auf und überträgt jede Schwingung von *The Healing Visuals 144* und *The Healing Sounds 144* eins zu eins in das Zellbewusstsein, um die Information – das LICHT – in den Zellen zu transformieren und zu manifestieren. Dies geschieht durch die wunderbare Harmonie der Visuals und Sounds.

Ob ganz bewusst an der „Arbeit" an sich selbst oder unterstützend mit *The Healing Symbols 144* oder als Hintergrund im DVD-Player – jede Möglichkeit unterstützt.

Je GRÖSSER, desto besser – beim Anschauen der Visuals werden viele Sinne stimuliert und angeregt, die Zellen mit der ursprünglichen Information leuchten zu lassen.

The Healing Symbols 144

Die Symbole sind in der Heiligen Geometrie mit den göttlichen Schöpferzahlen, die sich in der Blume des Lebens, in den Pyramiden von Ägypten und der Mayas und Inkas wiederfinden, entstanden. Der Goldenen Schnitt und das Wissen der Sterne ist in *The Healing Symbols 144* eingebaut und ermöglicht durch die Schwingungen in den Zeichnungen eine wunderbare harmonisierende Energie für den Benutzer der Symbole.

Die Zeichen sind – um es irgendwie in Sprache zu formen – eine Art Querschnitt eines multidimensionalen Konstrukts. Sie sind klares reines Licht und somit die Überbringer der Botschaft der Liebe.
Die fünf Ringe um das Symbol tragen die Energie und die Weisheit der letzten fünf Zeitalter in sich – von Atlantis zu Lemurien und Hyperborea zu Polaris, bis hin zum vergessenen Zeitalter Gaia Terrana, der Entstehung.
Mit dem Übergang in das Neue Zeitalter werden alle diese Energien und die gesamte Weisheit transformiert und in das Energiefeld der Erde „wieder" eingespielt, was bedeutet, dass sich alle Menschen in absehbarer Zeit mit diesen Weisheiten über ihr Herz verbinden und diese abrufen können.
Das ist der Teil des Aufstiegsprozesses der Menschheit, von dem immer wieder in Verbindung mit dem Mysterium 2012 die Rede ist.
The Healing Symbols 144 dienen als eine wunderbare und sehr einfache Möglichkeit, dieses Wissen über die Reinigung und Wiederherstellung (Zellreparatur) der Körperzellen und in weiterer Folge die Göttlichkeit in den Zellen zu manifestieren.

The Healing Symbols 144
Die 20 + 1 Heilsymbole der Neuen Zeit

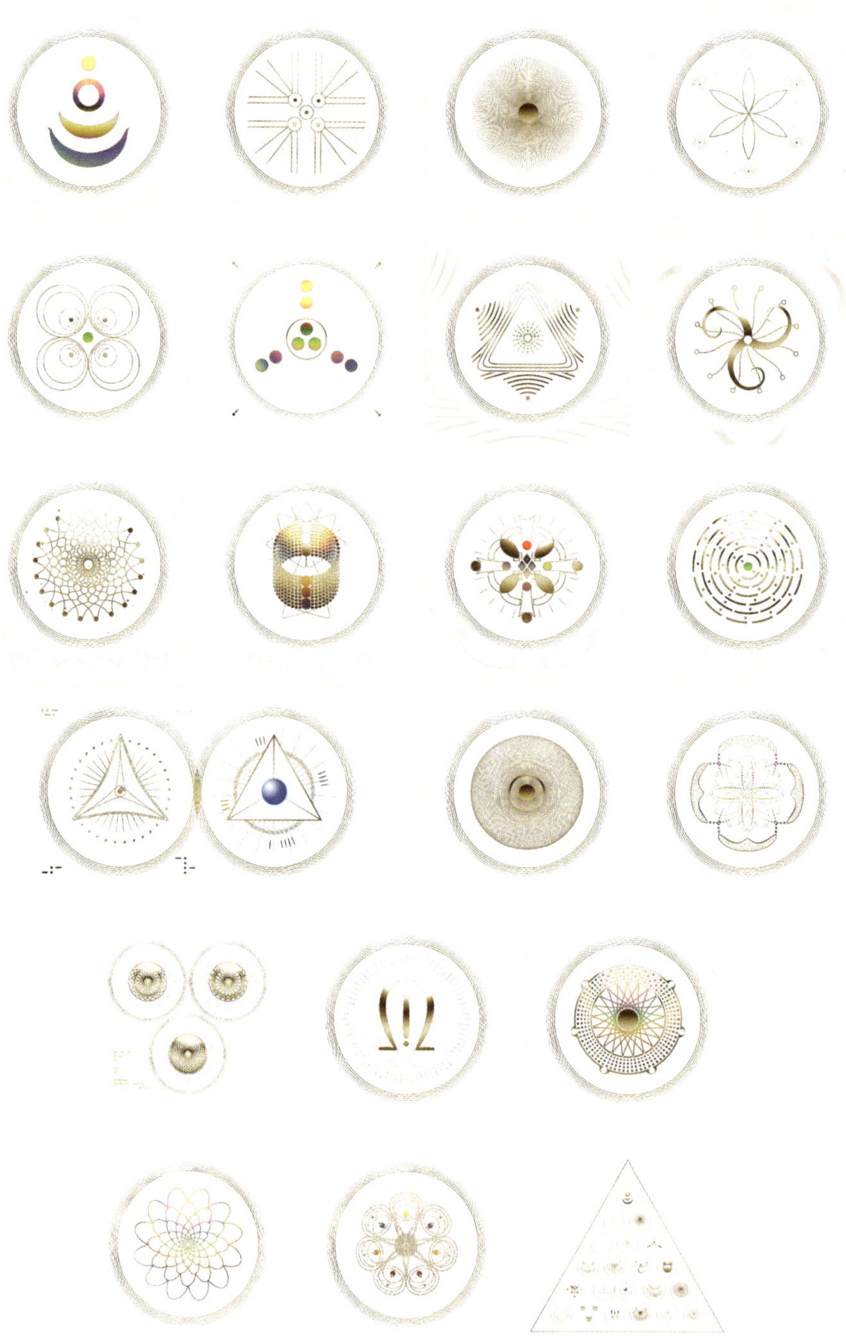

The Healing Light 144

Heilendes Licht
Vollkommenheit
LICHTkugeln – Globuli aus der 5. Dimension
Das Christusbewusstsein und Die Elohim & Die Cherubim

Die Botschaft vieler Symbole ist, dass die Informationen direkt in den Körper und die Zellen gelangen sollen, um von innen heraus das LICHT in jeder Zelle zum Leuchten zu bringen.
Das ist der reine göttliche Schöpfungsprozess, der „nur“ auf dieser Zellebene stattfinden kann.

Die Globuli gibt es für „Die Kinder der Neuen Zeit“ als lichtvolle, seelische, körperliche und geistige Unterstützung, damit die Kinder die Kraft des „AngekommenSEINS“ erfahren und aus dieser Energie heraus ihren eigenen Seelenstrahl auf Erden leben können.

Für ERWACHsENe unterstützend zum Lichtkörperprozess dienen die Lichtkugeln beim individuellen Aufstieg in die Neue Zeit auf seelischer, körperlicher und geistiger Ebene. Sie wirken als Gesamtes auf die aktuelle Schwingung, gleichen Disharmonien aus und fördern das LICHT jedes Einzelnen.

Natürlich ist wiederum eine energetische Kombination mit den weiteren Tools – Sounds, Symbols und Visuals – ineinandergreifend und wertvoll unterstützend.

Das Wort danach

Liebe Seelenfreunde, wir befinden uns an der Schwelle der LICHTzeit. Es ist jetzt die Zeit des Wandels, um diese Neuerung manifestieren zu können. Wir empfehlen Dir, Dich stets energetisch zu reinigen und Dich immer mehr mit Deiner inneren Führung und Deiner Herzenskraft zu verbinden. Wir dürfen Dir sagen, dass dies die einzigen Aufgaben für Euch Menschen sind, um in dieser LICHTzeit zu bestehen. Ohne die Anbindung an Deine Seele und die Kommunikation mit Deinem Herzen wird diese Zeit für Dich und jeden Menschen zur Illusion werden.
Wir Engel des Lichts haben gemeinsam mit den beiden Botschaftern Uli & Raimund für Euch gewirkt, um dieses Gesamtwerk an Lichtwerkzeugen hervorzubringen. Es sind lichtvolle Werkzeuge für jeden Einzelnen, um Euch mit allen Euren Sinnen zu verbinden, damit Ihr WACH seid und ERKENNEN könnt, was IST. So sind wir Euch dankbar, dass Ihr bereit seid, zu hören, zu sehen, zu fühlen und zu wissen – die Liebe und das Licht Eurer Göttlichkeit.
Seid bereit für Eure LICHTzeit!

Lebe Dein Licht
und höre auf Deine innere Stimme.
Lerne, Dich wahrzunehmen
mit all Deinen Sinnen!

Denn so ist alles gut, und Du bist getragen von Deiner Liebe.

Wir danken Dir und senden Dir lichtvolle Grüße in Dein Herz.
Sei gesegnet,
die Engel des Lichts.

Wir sind ein Lichtschiff aus zahlreichen Wesenheiten und vielen Strahlen der Engel – die Cherubim Aoman und Ram und Singh, zahlreiche Erzengel und Aufgestiegene Meister quer durch Raum und Zeit.

DANKE

Deine ZEIT ist JETZT, worauf wartest DU?
Beginne noch HEUTE, im HIER und JETZT Dein Leben zu lieben, zu leben und zu lachen.

Wir sagen Danke an alle Begegnungen unserer Zeit, die uns zu den Menschen formten, die wir heute sein dürfen.
Danke an unsere lieben Kinder Leando, Denise und Aristo und unsere Sternenkinder, unsere Familie, unsere Freunde, unsere zahlreichen menschlichen und tierischen Begleiter, unseren Verlag – und natürlich DANKE an ALLE MENSCHEN, die bereits Vertrauen in unser Wirken und Arbeiten schenken und geschenkt haben und unser Wirken dadurch gefördert haben, sei es durch: Dein Lesen, Dein Teilhaben, Dein Annehmen und Dein Weitergeben. DANKE!
Und wir sagen DANKE an die zahlreichen Wesenheiten und Engel, die uns unermüdlich die Botschaften verkünden, uns reinigen und klären und immer wieder mit Kraft ihres Seins LIEBE, MUT und VERTRAUEN spenden.

DANKE! Möge Euch allen tiefer Segen zuteil sein!

Uli & Raimund.

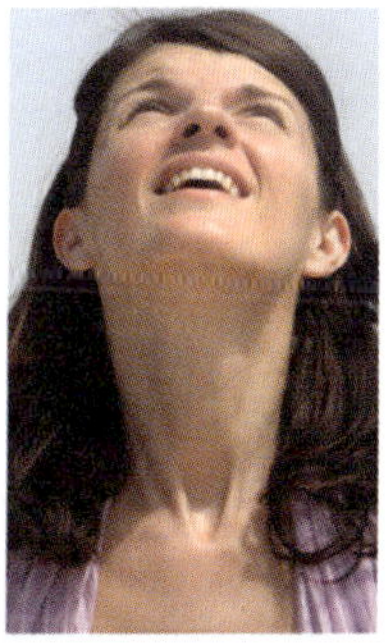

Quellenachweis

Sämtliche Bilder in diesem Werk stammen aus UnseRer gemeinsamen LEBENszeit – mit einigen Ausnahmen:

Seite 28: *Der Schmetterling auf der Blume*, Taato Gomez
Seite 77: *Der Weg*, Taato Gomez
Seite 101: *Freiheit Möven*, Taato Gomez
Seite 167: *Das Farbenspiel*, Günter Koller

Ein Dank geht auch an unseren Sohn Leando, der sich auf vielen Seiten des Buches von seiner besten Seite zeigt.

Die Botschaften im Buch und Texte sind empfangen von Uli Koller. *The Healing Symbols 144, The Healing Sounds 144, The Healing Visuals 144* empfangen von Raimund Stix.

Ulrike KOLLER & Raimund STIX

DIE 12 SIEGEL

Die Meisterbriefe aus Atlantis

264 Seiten, Großformat, broschiert, vierfarbig

ISBN 978-3-941363-67-0

Die 12 Siegel, ein Heilwissen aus Atlantis, Lemurien und den drei Weisen aus Zion, ermöglichen dir, das Licht in dir zu erkennen und dich von deinen Schatten zu befreien.

Das Paket, bestehend aus den heilenden 12 Symbolen mit ihren dazugehörig hochschwingenden Mantren und dem übermittelten Wissen, bietet ein komplettes Programm mit praktischen Anregungen, Übungen und Meditationsvorschlägen zur Befreiung von Blockaden deiner Seele, deines Körpers und deines Geistes, damit du endlich selbstbestimmt deinen Seelenpfad beschreiten kannst.

Beginne jetzt, „dein Leben" nach deinen Wünschen, Träumen und Zielen zu lieben, zu leben und zu lachen, denn du bist der Schöpfer deines Lebens!